滄海叢刊

墨家的哲學方法

鍾友聯 著

1986

東大圖書公司印行

行政院新聞局登記證局版臺業字第〇一九七號
著作權執照臺內著字第八六二四號

中華民國六十五年五月初版
中華民國七十五年八月三版

基本定價壹元伍角陸分

著作者 鍾友聯
發行人 劉仲文
出版者 東大圖書股份有限公司
總經銷 三民書局股份有限公司
印刷所 東大圖書股份有限公司
臺北市重慶南路一段六十一號二樓
郵撥：〇一〇七一七五—〇號

成序

成中英

墨家哲學在中國古代思想中佔據極獨特的地位。它一方面對儒學提出了建設性的批評，另一方面却建立了一套新的社會史觀與政治理想。墨子的天志思想揭示了著重意志的宗教觀；他的法儀觀念及三表法強調了方法學的重要；他的兼愛學說則發揮了功利主義正面的精神。墨子能夠建立墨家哲學固然有其歷史與社會背景與之相應，但他能夠獨立於傳統，掌握經驗與理智爲其立論的根據，也是墨家成爲顯學的重要因素。從墨子到後期墨家，經驗與理智逐漸發展爲客觀研究的對象，因而創造了一個龐大與豐富的科學與邏輯體系。這就是墨辯（大小取，經上下與經說上下）所代表的思想體系。不幸的是墨家哲學隨時代遞遷而式微，墨辯這個科學與邏輯的體系也在歷史的塵埃中湮沒，久久不受學者重視。這可說是我國思想史中最重大的損失了。

清代末季，訓詁校對之學鼎盛。孫詒讓考證墨學，整理了畢沅舊注，使墨學全書得以可讀，可說是近代對墨學（包括墨辯）有貢獻的第一人。民國以來，由於西風東漸，西方科學思想與邏輯方法逐漸在我國生根，因而激起了學者對我國古代科學與邏輯史的研究興趣，於是湮沒已久的墨學與墨辯乃成爲中國學術中的研究要題。就以墨辯的注釋來說，自梁啓超以降就不下二十餘家之多。諸家注釋雖各有所見，但訛奪扭曲之處亦比比皆是。形成這個現象的主因不外於兩點：㈠注釋家缺乏語言科學的訓練，以致對於字形假借，字音轉讀，字義轉注的訂正往往流於附會臆說。㈡注釋家缺乏科學與邏輯訓練，對墨學與墨辯中的論證形式與科學學理往往無法澈底貫通並予以適當發揮。

基於這兩項限制，已存墨辯注解與解釋顯然尙待進一層的整理與綜合。可喜當代研究中國古代學術的西方學者對墨辯的價值也有了相當的認識。英國學者格蘭姆氏（A. C. Graham）與李約瑟氏（Joseph Needham）均陸續提供了對墨辯邏輯及科學體系的重要論著。李氏自科學史觀點更廣泛的討論了墨經的科學思想。如果我們認爲文字的訓詁與考證是墨學研究的第一階段，章句的評註與解釋是墨學研究的第二階段，則我們顯然更可以向前邁進一步，參考前人的貢獻，把墨學與墨辯作更深刻更精確的分析，開拓墨學與墨辯研究的第三階段。這個第三階段的研究似乎有兩個重要的方向可以進行：

㈠我們應加強對墨家思想的整體研究，澈底了解墨家的淵源以及其與諸子百家的交互關係，透過古代思想發展的整體觀念，分析及掌握墨學及墨辯的思想線索與結構。

㈡我們應加強對墨學與墨辯的內容與形式，語言與觀念的詳盡分析與綜合。就其邏輯方面言，我們不但要把它與西方邏輯與印度因明比較會通，且要發揮其獨特的論證形式，引申其所蘊義理，以顯明其理論的全面效果。

茲學兩個例子來說明以上兩個研究的新方向。一個例子是墨辯中「故」的觀念。「故」有解釋爲「原因」者，有解釋爲「結果」者，也有解釋爲「理由」者。各說紛云，究竟何是何非，自是問題。及至「小故」「大故」之分，「小故」依經說可視爲必然條件（「有之不必然，無之必不然」），「大故」是否可依經說僅視爲充足條件呢（有之必然）？抑或依其例證視爲充足又必然的條件呢（「若見之成見」）？這類問題似乎少爲注釋家留意，因之影響了我們對墨辯理解的深度。我們不妨就諸子有關「故」字一詞的用法作一全盤的考察，分析各項用法的關係，看何處爲「原因」之「故」？何處爲「結果」之「故」？何處爲「理由」之「故」？何處爲充足條件之「大故」？何處爲既是充足又是必然條件之「大故」？

另外一個例子是墨子用到及墨辯提出的論證形式問題。諸家有自三段論法及因明三支與五支爲說者，但對墨辯中之邏輯範疇如「故」「理」「辭」「類」「說」以及彼此的關係却均未能仔細分析，因之對墨辯提出墨學用到的論證形式之特點，優點與限制也均未能發揮盡致。對於這個問題我們似乎應該從語意，語法，經驗內容與邏輯形式等不同角度與層次來做探討。要做到這一步，我們自然要對語意、語法，經驗內容與邏輯形式相互的關連具備確切的了解。

近數年來，我在國外從事中國哲學研究，對中國邏輯思想的歷史尤其重視。我曾致力於名家與墨辯的整理及分析工作，並將墨辯全部譯爲英文。我認爲墨辯的邏輯及科學體系不但具有歷史價值，而且能引發新的理論見解。當時若能繼續發展，必能開放出燦爛的花朵。在邏輯方面，墨經已能直接討論論證的結構，同異的範疇以及語意對推理的影響。雖然未能離開眞假是非觀念來討論邏輯論證的標準，但提出「當」與「不當」兩辭已隱示對形式有效性的認識。如果墨辯能夠對普通形式以及普通形式之關係稍加留意，其能發展出一套相當完整的邏輯學，自是毋庸置疑之事。在經驗科學方面，光學、機械學與幾何學在墨辯中也具備了一個雛形。若是當時社會現況與學術氣氛允許，後期墨家一定可以在物理學上先西方科學兩千年而開出奇葩。

我在臺灣大學哲學系授學期間，研究生中有鍾友聯君者愛好墨學，尤於墨學及墨辯的論證思想與形式有所融會貫通，我深以爲喜。鍾君問學於我，寫成「墨家思想論證形式研究」論文八章，獲得碩士學位，我更以爲難得。鍾君的論文可說屬於我上述第三階段的研究。鍾君能夠透過一般邏輯範疇對墨學與墨經論證思想與其形式仔細分析而不流於任意比附，最是可貴。該文又能努力闡發墨辯論證方法之特徵，且不諱言其不足，亦是其所長。鍾君此文復有兩項優點値得特別指出：

㈠此文融合了墨學與墨辯來談墨家的論證思想，使人見到墨家論證思想的連貫性；墨學的論證結構因墨辯之討論而益明，墨辯之凡例因墨學的徵引而益顯。

㈡此文指出了墨辯論證思想的基礎是以語意的分析爲中心，而不是以語法的理解爲前提。這就點明了何以墨辯沒有走入形式邏輯及形式化的一個重要原因。

現値我國倡導科技全面發展之際，發揚及探究墨家科學及邏輯思想自然更有一番時代意義。鍾君論文卽將成書，請我寫序，因爲此文，是爲序。

成中英　序於夏威夷大學

自序

墨家思想在先秦最興盛的時候，與儒家並稱爲「顯學」，足見墨家在當時的時空環境裏，具有相當大的影響力。當然，在古代哲學當中，墨家足以和儒家道家並列爲中國哲學的三大主流。而墨家哲學與儒道二家，有一個最大的不同的特點，那就是墨家講求經驗的方法，重視外在的現象，因此，墨家在知識論和邏輯方面，有特殊的貢獻；另一方面，相對地也有他的弱點，不像儒道二家之善於談玄說道。在墨家思想中，幾乎找不到玄學。

我個人認爲，在探討墨家哲學的時候，必須注意到三個層面。第一點就是何以會有墨家哲學，墨家哲學是如何創造出來的，換句話說，就是墨家的思考方式，哲學方法的問題。我認爲墨家的哲學型態，之所以和儒道二家有顯著的差異，是由於墨家的哲學方法和儒道二家不同所造成的。第二點是墨家的哲學內容。採取某種方法，就創造出某種哲學。墨家的哲學內容，當然就是指兼愛非攻，尚賢尚同，節用節葬，非樂非命等問題。第三點是墨家哲學的表達方式。這三個層面都兼顧到了之後，才能夠眞正地掌握墨家哲學的眞精神。

過去研究墨學的諸學者，往往著重墨家的哲學內容，而對墨家的哲學方法，和墨家思想的表達方式，這二個層面的研究，還不夠深入。我個人覺得墨家的哲學內容實在無甚高明，顯得有點粗糙，而欠圓滿。因此，個人的與趣一直偏向於墨家的哲學方法和表達方式的問題。本書即是針對這類問題，而提出的研究心得。至於墨家的哲學內容，並不是本書的討論範圍，只有留待他日另成一書。至於墨家邏輯思想的探討，過去諸學者，幾乎僅限於辯學這一部份。個人爲擴展墨家邏輯思想的領域，因此發了相當的苦心，從墨家整個思想當中，找出它的論證形式，基於學術的使命感，我做了這樣枯燥的工作。

本書在寫作期間，曾得到成中英教授的指導，當時成先生遠在夏威夷大學執教，研究與教學，公私兩忙，但仍與我書信往返，指出我幾個錯誤的地方。趙天儀教授，也在百忙之中，經常協助我搜集資料，到現在我還時常懷念師生一起跑書攤找資料的情景。林正弘教授，在出版前，又重新爲我校正，提供很多寶貴的意見。師長都這麼鼓勵我，愛護我，眞使我永生難忘。

個人的學識淺薄，本書也許還有許多錯誤和不成熟的地方，特別祈請學界先進，能不吝指正。

鍾友聯　識於一九七六年二月五日於松石園

墨家的哲學方法 目錄

鍾友聯著

第一章　緒論

時常有人懷疑中國哲學裏面沒有邏輯，以爲中國思想與中國的語言，根本就缺乏邏輯和科學的傾向。關於這個問題，我們感到濃厚的興趣；到底中國古代哲學家，有沒有使用邏輯來進行推理論證呢？在他們討論問題時，果眞沒有採用邏輯論證嗎？那麼，是不是不合乎邏輯呢？

如果中國古代的哲學家，在討論問題時，是使用邏輯論證的；那麼我們必須進一步地追究，他們所使用的邏輯，和西方的邏輯是否相同；如果不一樣的話，那麼中國的邏輯，具有那些特性，它的結構如何？這些問題，都是我們感到興趣的，也是我們所關心的。

首先我們要指出的是，中國古代的哲學家，各家都有自己的名學方法。儒家的正名主義，可以代表中國邏輯思想的萌芽。後來更有名家一派，可見在中國古代的學術界，已經形成「邏輯」這一科目的概念，只不過是不受重視而已。

不重視邏輯的結果，是不把它當對象來研究，而不是不合乎邏輯。我們認爲，即使不知「邏輯」之爲何物，思想的結果，仍然可以合乎邏輯。就像我們並不知肚子裏有一個胃，更不知它的構造如何？但是只要我們吃下東西，胃自然就會把食物消化掉一樣。即使我們沒有「邏輯」這個名稱，但是我們的思想仍然可以合乎邏輯。因此，我們願意以墨家的思想爲例子，藉著指出墨家思想的論證形式，來證實中國古代哲學家的思想是合乎邏輯的，更進而證明中國古代就有了邏輯。所謂中國沒有邏輯，或是認爲中國思想和語言，缺乏邏輯和科學的傾向，乃是無稽之談。在這裏，我們只不過是把墨家思想，當作一個例證，來加以解析而已。

在中國古代的哲學家中，墨子是最講求邏輯論證，他說：「凡出言談，則不可不先立儀而言，若不先立儀而言，譬之猶運鈞之上，而立朝夕焉也。」所謂「立儀」，就是指建立法儀，做爲衡量萬事萬物的判準；對從事思想工作的人，要判定他所做的推論，是否有效時，必須依賴邏輯的法則。如果我們要對事事物物，進行是非善惡的判斷時，也必須先有一套標準，作爲我們判斷的準則。墨家提出的「法儀」，就是我們追求普遍性必然性，所必須依賴的準則。墨子說：「天下從事者，不可以無法儀，無法儀而其事能成者無有也。」不管是那一行業，只要想把工作做好，那就必須依賴法儀。有了法儀以後，不管是什麼人，在任何時間，任何地點，只要他按照法儀去做，都可得出同樣的效果；唯有依賴法儀，才能達到普遍性和必然性的要求。不僅百工從事要有法儀，我們談辯論說，也必須要有一套法儀，否則我們將無法得知是非利害之辨。墨家到底以什麼作爲辨別是非利害的準則呢？那就是所謂「三表法」。

墨家明白提出「三表法」，是在非命篇，但是如果我們把墨家墨論期的各篇作品加以分析，很容易地，我們可以發現，墨論期各篇的論證結構，大都是以「三表法」，做爲論證的骨幹，因此，「三表法」可以說是墨家早期最主要的論證方式。從這個論證形式，我們將可發現墨家邏輯思想的萌芽；如果以形式邏輯的觀點來看，顯然的，三表法的論證形式並不夠嚴密精確。嚴格地說來，三表法並不是人類有效思考，所必須依賴的準則，它只不過是墨家思想論證與認識判斷的一項準則而已；換句話說，它是墨家獨特的一項思想準則，它不一定會被人人所接受，也就是說，它的特殊性，大於普遍性。因此，我們對墨家三表法論證形式的探討，重視的是它的論證精神，而不是它現有的論證形式。

中國的哲學家，在思想論證上，有一個共同的特徵，就是善於使用類比論證。所謂類比論證，是依據兩事物之間的相類似性，而由此一事物推知彼一事物的論證形式；它是由特殊推出特殊，既不是概念的演算，也不是語法的轉換。中國的哲學著作，往往也是文學作品，高深的哲學思想，往往以優美的文學作品來表達，因此中國的哲學和文學，常常是結合在一起的。介於文學和哲學之間的思想論證形式，那就是類比論證。譬喻是類比論證的最簡單形式，在詩經通常叫「比」，在易經叫「象」，而在春秋則叫「況」。在墨家思想當中，當然也使用了無數的類比論證，並且給予適當的定義，同時還區分出不同的類比形式。這類的思想方式，東西皆有，西方的邏輯有類比論證，在印度的因明學中也有喻，而在中國的墨家，不但有這類思想方式，同時更仔細地區分為辟侔援三種不同的類比形式，這是西方和印度所沒有的，可見這是墨家思想進步的地方。

和類比論證同樣具有說明解釋和論證功能的論證形式，那就是例證和反例。在墨家思想中，也很愛用這種方法，因為它具有使人信從和瞭解的力量，對墨家的思想，在傳播上有很大的幫助。墨家的例證，往往是用來證明某個判斷或觀念，比方說，某事是什麼，或某某是某某，而不是一個命題，因此，墨家的例證，帶有濃厚的例示的意義。例證與反例，在現代邏輯中，算是一個重要的概念，在墨家的思想中，也早就在使用這種方法了。

西方遠在古希臘的辯士學派，就常常設計出許多辯論的方式，讓人感到為難，其中最有名的論證形式，就是兩難式和詭論。辯士學派常用這種語言或思想圈套，使人陷入其中，不管是贊成或反對那一邊，都將感到困惑。的確，兩難式和詭論是一種使人感到左右為難的論證形式，但是這種論證形式，並非古希臘的辯士學派所專有；當我們讀到中國古代的墨家著作時，很興奮的，我們發現先秦的墨家，也是利用兩難式和詭論來進行論證，並且經我們分析的結果，發現東西方這類論證的形式構造，竟然完全一樣。在古代，由於空間的障礙，我們可以斷定兩者之間，並沒有受到互相影響，都是各自創造出來的。可見東西方，在思考方式上，原是沒有多大差異的。

墨家思想在論證形式上，可以說是多方面的，除了上面所說的各種論證形式外，我們還可以找到，和西方邏輯傳統，以及和印度因明論式相符合的。當然，我們做這樣的比較，並不是牽強附會。我們這樣比較的目的，並不是要證明墨家思想的偉大，而是想證實，東西方在思想方法上，原是沒有多大差異的，在古代東西心靈無法交通的時代，人類心智的成果，有時是不謀而合的。

墨家思想，不僅使用過演繹論證，同時也採用過歸納論證。墨家不但用歸納的方法來進行論證，同時也探討過歸納原理，企圖建立各種不同形式的歸納法。在墨家思想的各種不同的論證形式當中，有的僅是使用過，而沒有加以討論；可是歸納的方法，在墨家的思想當中，不僅使用過，而且把它當對象來探究，可見歸納法在墨家的論理思想中，佔有很重要的地位。在西方，直到培根才開始建立歸納法；但是在我們中國，先秦的墨家，已經開始在使用和探討歸納的方法了。可惜後來沒有繼續研究發展，以致於使我們的科學方法停滯在原始狀態。

當然，墨家之所以重視歸納法，主要是由於墨家哲學本身就是注重經驗，講求實驗的，和具有科學精神，講求論證的緣故。墨家歸納法的主要物徵，是建立在同異的辨別上，在經驗事實的辨析上，有很大的功用。墨家企圖建立的歸納法，有差異法，類同法，同異交得等方法；當然這些方法還是很樸素，但是在科學方法的創造上，仍然有很大的貢獻。

從墨家的思想當中，我們發現墨家使用過許多不同的論證形式，這些形式有的是符合西方的邏輯，有的是合乎印度的因明論式，有的是墨家自己獨特的論證方法；並且我們發現墨家不僅僅是不知不覺地在使用這些論式，而且自己已經形成了一套辯學思想，企圖建立自己獨特的邏輯方法，那就是所謂「六物式」了，我們把「六物式」確定爲「辭、故、辟、侔、援、推」六項。六物論證形式的特徵，是非形式的，並不一定要六物全具，才能構成有效的論證；它是重視語意的，而不是重視語法的，甚至有點反對形式化的傾向。

從墨家的論證方法看來，墨家的方法是很接近印度的因明學；因明有喻，墨家有辟，同時因明和墨辯，都沒有把論證形式化，也許這正是東方人的性格吧！在因明與墨辯之間，有許多類似的地方。

墨家思想的論證形式，是多方面的，豐富的，多彩多姿的，墨家的邏輯思想，已經有了相當程度的成就，可惜沒有繼續發展下去，否則中國的邏輯思想也是相當可觀的。

在中國哲學當中，邏輯思想並不佔很重要的地位，不像西方，特別是近代，邏輯簡直佔據了思想的主流。雖然邏輯在中國不受重視，但人類原始的思想型態，思考方法，並不因東西方，而有所不同；換句話說，在古代中國雖然不知道有邏輯這回事，但其思想的結果，仍然是合乎邏輯的，其據以思想論證的方法，和西方並沒有多大的差異。東西方在思想方法上，原是沒有多大差異的。

在中國古代的哲學家當中，重視邏輯思想的有荀子和墨子，但把邏輯當對象來研究的，唯墨家而已。墨家的論證方法發展到「六物式」，已經算是頗具規模的非形式論證法了，這是值得我們繼續發揚光大的。

過去諸學者，對墨家邏輯思想的探討，幾乎僅限於辯學這一部份；個人爲了擴展墨家邏輯思想的領域，因此發了相當的苦心，從墨家的思想中，找出它的論證形式；基於學術的使命感，我做了這樣枯燥的工作。

個人的興趣，在探討中國哲學，在探討中國哲學的過程當中，既然發現了，在中國哲學當中有了邏輯思想，因此就有把它發揚光大的必要。

第二章 墨家的哲學方法

第一節 引言

墨家的思想可以和儒家道家並列爲中國哲學的三大主流之一；墨家的思想和儒道兩家的思想，也有著顯著的不同；其間的不同，有的可歸諸於思想環境背景的不同，有的可歸諸於基本哲學立場的不同，我以爲儒道墨三家之所以會有不同的哲學型態，是由於三家所採取的哲學方法的不同所造成的。

在中國哲學當中，儒家哲學最爲博大精深，貫通於相對與絕對之間，而道家哲學一心嚮往的是絕對的境界，與道家相反的墨家哲學，正好是生活於相對的世界裏。因此墨家哲學總是與現象世界相關，而不探求本體的世界，當然，這也是由於墨家所採取的哲學方法使然。

由於所採取哲學方法的不同，所造成的哲學型態也可能不同，因此，我們對哲學家所採取哲學方法的掌握，有助於對其哲學思想的把握和瞭解。尤其是墨家，特別重視方法，講求方法，因此我們對墨家哲學方法的瞭解，當然有助於我們對墨家哲學本身的掌握。

本章就是嘗試要分析，墨家所採取的哲學方法是什麼，具有什麼樣的特徵，對墨家哲學型態，具有什麼樣決定性的影響。在墨家的思想中，隨處都在講求方法，重視方法，認爲天下百工，不管是那一行業，都要講求方法，就像畫圓要有規，畫方要有矩一樣。方法可以決定事情的成敗，百工如此，更何況哲學思想呢？

第二節　墨家的認識判斷與價值判斷

墨家思想講求方法，注重工具，工具的使用和選擇，將會影響到事情的成敗。不管從事那一行事業，都要講求方法，借重工具，否則無法把事情做得盡善盡美；如果我們想畫圓或畫方，那麼我們就需要規或矩，不管我們的技術多麼高明，做出來的圓形，總不會比用規或矩做的圖形來得精確。因此，墨家有了講求方法，注重工具的要求。墨子說：「天下從事者，不可以無法儀，無法儀而其事能成者無有也。雖至士之爲將相者，皆有法；雖至百工從事者，亦皆有法。百工爲方以矩，爲圓以規，直以繩、正以懸、平以水，無巧工不巧工，皆以此五者爲法，巧者能中之，不巧者雖不能中，放依以從事，猶己，故百工從事，皆有法所度。」（註一）只要能借重工具，使用工具，那麼不管什麼人，在什麼時間，在什麼場所，都能達到同樣的效果；唯有講求方法，使用工具，才能追求普遍性和必然性。墨家之注重工具，講求方法，其因在此。

墨家所謂的法儀，就是建立標準的意思，就是要建立法儀，做爲衡量萬事萬物的判準。如果我們要對事事物物進行是非善惡的判斷時，那麼我們必須先有一套標準，作爲判斷的準則。所謂法儀，就是判斷是非善惡的準則。墨子說：「凡出言談，則不可不先立儀而言，若不先立儀而言，譬之猶運鈞之上，而立朝夕焉也。我以爲雖有朝夕之辯，必將終未可得而從定也。」（註二）墨家處處追求標準，提出標準，凡是合乎墨家標準的，必定合乎墨家的思想，或是能被墨家所接受。墨家是主張兼相愛交相利的，那麼兼相愛交相利的思想，是以何爲依據呢？那就是墨家所謂的天志了。墨子說：「我有天志，譬若輪人之有規，匠人之有矩。輪匠執其規矩，以度天下之方圓，曰中者是也，不中者非也。今天下之士君子之書，不可勝載，言語不可盡計，上說諸侯，下說列士，其於仁義，則大相遠也。何以知之？曰：我得天下之明法以度之。」（註三）墨家以天志，做爲衡量事物的標準，就像規矩可以度天下的方圓一樣。

既然墨家以外在的準則，做爲衡量事物的標準，那麼墨家在認識事物時，是以何爲準則呢？墨家最早提出「三表法」，作爲認識判斷的準則；所謂「三表法」（註四）即是「有本之者，有原之者，有用之者」，本之者是本之於古者聖王之事，原之者是原察衆人耳目之實，用之者是指發以爲刑政，觀其是否中國家百姓人民之利。

從三表法，我們可以看出墨家重視經驗，所謂本之者，即是對於過去聖王經驗的考察，所謂原之者，是指觀察人類現在經驗中的事實。墨家重視經驗是不可否認的事實，而墨家的經驗，特別重視人類耳目五官的經驗。墨子說：「天下之所以察知有與無之道者，必以衆人之耳目之實知有與亡爲儀也；誠或聞之見之，則必以爲有；莫之聞莫之見，則必以爲無。」（註五）這是墨家認識判斷一個重要的判準，凡是可以經驗得到的，人類可以看得見的，聽得到的，才承認是存在的。

至於第三表的用之者，是指功用而言，墨家認爲凡是提倡一種學說或理論，應用到社會上，一定要能產生好處，然後這種學說才算是正確的。墨家之所以非攻非樂非命，就是基於效用的觀點來反對的。因爲相信命運，則「上不利於天，中不利於鬼，下不利於人。」（註六）因爲從事音樂工作，「無法與天下之利，除天下之害。」（註七），所以反對提倡音樂。

可見墨家也是以效用的有無，做爲是非善惡的判準。

(1)如果是好的，那麼就是有用處的。

$$P \rightarrow Q$$

依照這個判準，那麼墨家認爲戰爭攻伐，提倡音樂，相信命運，都是對國家人民無法產生功用的，因此提倡這些事情，都是不好的，不對的。

(2)如果沒有用處，那麼就是不好的。

$$\sim Q \rightarrow \sim P$$

墨家把這項判準當成普遍有效的準則，並且又說：「用而不可，雖我亦將非之，焉有善而不可用者。」（註八）如果我們把這句話分析清楚，將可發現墨家前項的判準，可以做更清楚的表達。

(3)凡是有用的，都是好的。

$$(x)(Px \longrightarrow Qx)$$

(4)凡是好的，都是有用的。

$$(x)(Qx \longrightarrow Px)$$

由(3)和(4)，我們可以推得(5)。

(5)凡是好的都是有用的，有用的都是好的。

$$(x)(Px \longleftrightarrow Q_x)$$

這項準則，成了墨家一項很重要的價值判斷的準則。只要是好的東西，墨家就認定它一定能產生效用；只要它是有用的，那麼墨家就肯定它是善的，對的。

無疑的，墨家處處講求功利，而功利的產生，必定是透過行爲實踐，而後才有可能。因此墨家特別重視實踐，講求言行合一，「言足以舉行者常之，言不足以舉行者勿常；不足以舉行而常之是蕩口也。」（註九）凡是講到的，必須要能做到，在知識上，墨家也是採取這樣的主張，認爲知識和行爲是結合在一起的。光會講沒有用，除了講以外還要能做，這是墨家言行合一的主張，因此墨家對一個人是否擁有知識的判準是，「非以其名也，以其取也」(註一〇) 墨家認爲一個人懂得一些名詞定義，這樣並不能判定他眞具有某些知識，還必須看他的行爲取向，是否和他所說的相符，才能下判斷。也就是說，如果他說了，那麼他必須眞是做了，這樣才算眞知。墨家對知識的承認完全根據實際的行動。如果你的確做了，但是你並沒有說出來，那麼墨家可以根據你的行爲而判定你具有眞知。這是墨家認識判斷的另一判準，也正表現了墨家重視行動的精神(註一一)。

第三節　墨家的哲學方法

墨家建立認識判斷的準則，是要用來衡量萬事萬物的，墨家思想的展開，就是依賴法儀而來。人類的思想，並不是雜亂無章的，往往是依著一定的軌跡在進行的；而墨家所建立的法儀，已經隱含着邏輯的要求。就像三表法，它是遵照墨家認識判斷的準則，而產生的一種實質論證，墨家建立的法儀，就是要把它當做論證的基礎。

無疑的，三表法是墨家早期最主要的實質論證法，如果我們把墨家早期的作品加以分析，即可發現各篇大都是以三表法爲論證的骨幹。當然，墨家思想所採取的論證方法有各種不同的形式，比方在說明某些觀念時，往往採用譬喻的方法；同時用來說明解釋和論證之用的，有例證和反例的方法，也有使用類比論證的方法。從非攻篇我們可以得到證明。

至於墨家思想的展開，早期當然是使用三表法最多，其次是類比論證的方法。在明鬼篇，使用了二難式的方法，來證明祭祀的用處，在墨經也曾經使用詭論的方法。甚至於是印度的因明學中的三支式或五支式，或是西方邏輯中的三段論式和演繹方法，都曾使用過。

當然，墨家的思想最講求論證，而且還想發展出比較同異的歸納法，和墨家自己獨特的辯學。在墨經和小取，已經自覺地要發展出一套邏輯。（註一二）

從墨家思想多方面地使用各種不同的論證形式，我們可以發現墨家哲學的一個最重要的方法，那就是論證的方法。由於處處講求論證，使墨家有了邏輯的要求。

由於墨家處處採用論證的方法，可謂壁壘森嚴，對自己的言論也頗爲自信，因此墨子說：「以其言非吾言者，是猶以卵投石也；盡天下之卵，其石猶是也，不可毀也。」（註一三）。只要論證謹嚴，當然不會輕易被攻破。

墨家不僅善於使用論證的方法，而且經常使用理智的分析方法。例如：「子墨子北之齊；遇日者，日者曰：帝以今日殺黑龍於北方，而先生之色黑，不可以北。子墨子不聽，遂北。至淄水不遂而反焉。日者曰：我謂先生不可以北。子墨子曰：南之人不得北，北之人不得南，其色有黑者，有白者，何故皆不遂也。且帝以甲乙殺青龍於東方，以丙丁殺赤龍於南方，以庚辛殺白龍於西方，以壬癸殺黑龍於北方。若用子之言，是禁天下之行者也，是圍心而虛天下也，子之言不可用也。」（註一四）相命先生以爲墨子皮膚黑，不能到北方去，果然墨子無法過河；但是墨子馬上加以分析，這是北方人不能到南方，南方人無法到北方，其中有白皮膚的，有黑皮膚的，而不光是墨子一人。在這裏墨子卽是使用理智的分析方法來破除迷信。

有一次公孟子告訴子墨子說：「君子共己以待，問焉則言，不問焉則止，譬若鐘然，扣則鳴，不扣則不鳴。」（註一五）但是墨子反對公孟子的說法，於是馬上加以分析，認爲有扣則鳴，也有不扣亦鳴。如國家混亂，爲政者驕奢淫暴時，當然不可能請教政事於有學問的君子，此時君子應當雖不扣亦鳴，方能有利於國家社會。

墨家思想重視經驗，注重觀察。因此有分析的方法，而分析的方法，必須是一種客觀的，主客對立的一種思想方法。墨家的認識外界，都是採取主客對立的方法；客體是獨立於認識主體的，因此主體能分析客體，觀察客體。主體對客體的把捉，不僅是現象表面的認識，而且處處要問個爲什麼或怎麼樣的問題。例如：

「葉公子高問政於仲尼曰：善爲政者若之何？仲尼對曰：善爲政者，遠者近之，而舊者新之。子墨子聞之曰：葉公子高未得其問也，仲尼亦未得其所以對也。葉公子高豈不知善爲政者之遠者近之，而舊者新之哉？問所以爲之若之何也。……」（註一六）

在這裏孔子所說的是善爲政的現象，也就是僅對善爲政的結果做一描述而言，而沒有說出其程序、手段。而墨子想知道的，正是何以會有此現象，怎樣才能有此結果。可見孔子答的是什麼，而墨子問的是如何爲什麼。又如：

「子墨子問於儒者曰：何故爲樂？曰：樂以爲樂也。子墨子曰：子未我應也。今我問曰：何故爲室？曰：多避寒焉，夏避暑焉，室以爲男女之別也。則子告我爲室之故矣，今我問曰：何故爲樂？曰：樂以爲樂也，是猶曰：何故爲室？曰：室以爲室也。」（註一七）

在這裏，墨子也是處處問一個爲什麼。由於墨子的思維方式是主客對立的。因此能觀察客體，分析對象，處處問一個爲什麼。由於墨家處處問爲什麼，因此使墨家思想重視求因，甚至於對因果的問題也有了分析。

第四節　墨家哲學方法的特徵

墨家的思維方式，是主客對立的，講求分析，重視觀察。墨家之認識事物，是把事物置於主體之外，而以固定的理智的概念對事物，不斷加以概念之規定，這是科學的方法（註一八）。特別是凡事問一個爲什麼，更具科學精神。由於墨家的方法是科學的，因此在墨經中，發展出許多幾何物理和光學方面的理論，這是因爲墨家的思想方法本身就是科學的，所以有科學的結果。

墨家思想的展開，處處使用論證方法，而這些論證的形式都是合乎邏輯的。論證的方法，當然是邏輯的，講求推論的。這也是墨家哲學方法的一大特徵。

另外，墨家哲學本身的注重經驗，講求觀察，也是處處表現出實證的態度。像墨家這種科學的，邏輯的哲學方法，在中國哲學當中，算是相當特殊的。在中國古代哲學家當中，能這麼重視經驗，重視邏輯的，恐怕唯墨家而已。

中國古代的哲學家，大都是以直覺的神秘的方法爲其思維方式。把認識的主體，投入事物之中，以同情的瞭解，或以直覺非固定的概念的把握，來體證內在的生命，認識事物之自身。因此，以這樣的方法，大都是發展出生命哲學，或是天人合一的思想，而缺乏知識論和邏輯方面的成就。

而墨家的方法，正好彌補了中國哲學本身的缺點，發展出知識論和邏輯思想，更使中國有了科學思想的萌芽，當然這是由於墨家的哲學方法，具有實證的精神，和以科學的，和邏輯的特徵所致。

第五節 結語

哲學型態，往往被哲學方法所決定，儒道二家之所以重視生命哲學，和在形上學方面有很高的成就，這是由於儒道二家的哲學方法大抵是直覺的神秘的所致。而墨家哲學的成就之所以在知識論方面，邏輯科學方面，也是由於墨家所採取的方法是科學的，邏輯實證的所造成的。

因此我們認爲對墨家哲學方法的探討，有助於對墨家哲學本身的瞭解，而且墨家的方法比較接近西方，正好可以彌補中國哲學的缺點，而且正好適應了發展科學的要求，因爲要發展科學，必須先有科學思想，而要有科學思想，必須先要有科學的思想方法。而要發揚科學的思想方法，與其從西方輸入，不知從我們古代墨家所固有的思想來探討發掘。

不管是從墨家在哲學史上的地位，或是從時代的意義來講，我們探討墨家哲學本身，或是墨家的哲學方法，可以說都是具有深刻的意義。

爲了要發展中國哲學，爲了要使中國哲學並駕齊驅於世界哲學之林，我覺得發揚墨家的哲學精神，是有它的意義和價值的。

——一九七二年八月二十七日於疊翠軒

註一　墨子法儀，依孫詒讓校定。

註二　墨子非命下。

註三　墨子天志上，孫詒讓著墨子閒詁第一二二頁。世界書版局

註四　請參見墨子非命。

註五　墨子明鬼下。

註六　非命中。

註七　兼愛下。

註八　墨子兼愛下。

註九　墨子耕柱篇。

註一〇　墨子貴義。

註一一　本節請參看拙作，墨家認識判斷的準則，國魂第三一一期。

註一二　參見本書以後各章。

註一三　墨子貴義，孫詒讓墨子閒詁，第二七一頁。

註一四　墨子貴義，張純一著墨子集解，第五七八頁。

註一五　墨子公孟篇，張純一著墨子集解，第五七九頁。

註一六　墨子耕柱。

註一七　墨子公孟。

註一八　唐君毅著哲學概論，第一八〇頁。

第三章　墨家三表法的論證形式

第一節　引　言

三表法可以說是墨家早期最主要的論證方式，從這個論證形式，我們將可發現墨家邏輯思想的萌芽，如果以形式邏輯的觀點來看，顯然的，三表法的論證形式並不夠嚴密精確。對這二千四百多年前，墨家早期的論證形式，我們不能以當代高度技術發展的邏輯，來論墨家的三表法，因此，我們所將採取的觀點，也是我們所感與趣的，我們所重視的，就是嘗試去探討三表法的論證精神，從它的論證精神，我們才能進一步地研究，它是否有可能發展出近代的邏輯方法。

如果我們把墨家墨論期（註一）的各篇作品加以分析，很容易地，我們可以發現，墨論期各篇的論證結構，大都是以三表法做為論證的骨幹。嚴格地說來，三表法並不是人類有效思考，所必須依賴的法則，它只不過是墨家思想論證與認識判斷的一項準則而已；換句話說，它是墨家獨特的一項思想準則，它不一定會被人人所接受，也就是說，它的特殊性大於普遍性。因此，我們從三表法這個論證的準則，也可預測整個墨家哲學的發展。

在本文裡面，我們不但要舉出三表法論證的實際例子，看看三表法到底具有什麼樣的論證形式，並且進一步地要指出它的論證精神之所在，以及它對整個墨家哲學型態的影響。

第二節　法儀與三表法

思想是人類的一種心智活動，當人類在進行思惟活動時，並非任意的，雜亂無章的，相反的，它是循著一定的法則，進行有效的思考。在中國古代的哲學家中，墨子是最重視人類思惟的法則，他說：「凡出言談，則不可不先立儀而言，若不先立儀而言，譬之猶運鈞之上，而立朝夕焉也。我以爲雖有朝夕之辯，必將終未可得而從定也。」(註一)所謂「立儀」，就是要建立法儀，做爲衡量萬事萬物的判準，對從事思想工作的人，要判定他所做的推論是否有效時，必須依賴邏輯的法則。如果我們要對事事物物進行是非善惡的判斷時，也必須先有一套標準，作爲我們判斷的準則。墨家提出的「法儀」，就是我們追求普遍性必然性所必須依賴的準則。如果你要畫圓或畫方，那麼你就需要規或矩，不管你的技術多麼高明，做出來的圖形，總不會比用規矩做的圖形來得精確。如果要判定一個圖形是方是圓，那麼我們只要用規矩加以衡量，任何人都能判定它是否圓，是否方。因此墨子說：「天下從事者，不可以無法儀，無法儀而其事能成者無有也，雖至士之爲將相者，皆有法；雖至百工從事者，亦皆有法，百工爲方以矩，爲圓以規、直以繩、正以懸、平以水、無巧工不巧工，皆以此五者爲法，巧者能中之，不巧者雖不能中，放依以從事，猶逾已，故百工從事，皆有法所度。」（註三）有了法儀以後，不管是什麼人，在任何時間，任何地點，只要他按照法儀去做，都可得出同樣的效果，唯有依賴法儀，才能達到普遍性和必然性的要求。

不僅百工從事要有法儀，我們談辯論說也必須要有一套法儀，否則我們將無法得知是非利害之辨。墨家到底是以什麼作爲辨別是非利害的準則呢？那就是所謂「三表法」（註四）。那麼什麼叫三表法呢？雖然在墨論期各篇，大都是採用三表法的論證結構，但是明白提出三表法，只有在非命篇。讓我們看看非命三篇大同小異的敍述，我們就可以知道，三表法到底是什麼了。

(1)何謂三表？子墨子曰：「有本之者，有原之者，有用之者；於何本之，上本之於古者聖王之事；於何原之，下原察百姓耳目之實；於何用之，發以爲刑政，觀其中國家百姓人民之利，此所謂言有三表也。」

(2)三法者何？有本之者，有原之者，有用之者；於其本之也，考之天鬼之志，聖王之事；於其原之也，徵以先王之書；用之奈何，發而爲刑政，此言之三法也。

(3)何謂三法？曰：「有考之者，有原之者，有用之者；惡乎考之，考先聖大王之事；惡乎原之，察衆之耳目之情；惡乎用之，發而爲政乎國，察萬民而觀之，此謂三法也。」（註五）

根據以上這幾段的敍述，我們可以得知，所謂「三表法」，就是指「有本之者，有原之者，有用之者」三者而言。到底什麼是本之者，什麼是原之者，什麼是用之者，在非命篇已經有清楚的敍述，現在我們再把它列表如下：

第一表　本之者：甲——本之於先聖大王之事。

乙——本之於天鬼之志。

第二表　原之者：甲——原察衆人耳目之實。

乙——徵以先王之書。

第三表　用之者：發而爲刑政，以觀其是否中國家人民之利。

這就是墨家的三表法，第一表和第二表各有二種情況，在墨子書中，每種情況都使用過。既然我們已經知道什麼是三表法了，接著我們還要舉出墨家使用過的實際例子，來看看三表法是如何地應用。

第三節　三表法的論證舉例

墨論期各篇作品的結構，大都是以三表法，做爲論證的形式，在這一節，我們要舉出幾篇做爲實例，加以分析，看看墨家如何應用三表法進行推論。

明白提出三表法的，是在非命篇，雖然其他各篇並沒有提到三表法，但是它的論證結構，也是屬於三表法的論證形式，底下我們再舉出幾個例子來加以分析，首先讓我們看看非命篇如何應用三表法進行論證。

墨家主張堅強力行的人生，最反對宿命論的觀念。當時執有命的人以爲「命富則富，命衆則衆，命寡則寡，命治則治，命亂則亂，命壽則壽，命夭則夭，雖強勁何益哉。」(註六) 以爲人生的一切成果，不管是禍福貧富，都是受到命運的主宰，一切都是天生註定的，不管你如何努力用功，都是徒勞而無功的；這種執有命的觀念，墨家最感到深惡痛絕。因此墨家要破除這種執有命的觀念，而建立非命的思想。

首先讓我們探究墨家如何應用三表法中的第一表來非命。

(1)古者桀之所亂，湯受而治之；紂之所亂，武王受而治之。此世未易民未渝，在於桀紂，則天下亂；在於湯武，則天下治；豈可謂有命哉(註七)？

(2)昔者三代之暴王，不繆其耳目淫，不愼其心志之辟，外之驅騁田獵畢弋，內沈於酒樂。不曰：「我罷不肖，我爲刑政不善。」必曰：「我命故且亡。」雖昔也三代之窮民，亦由此也。內之不能善事其親戚，外不能善事其君長，惡恭儉而好簡易，貪飲食而惰從事，衣食之財不足，使身至有饑寒凍餒之憂。必不能曰：「我罷不肖，我從事不疾；」必曰：「我命固且窮。」雖昔也三代之僞民，亦猶此也。繁飾有命，以教衆愚樸人久矣(註八)。

這是第一表的論據。照墨家的觀點，宿命論的觀念是暴王創造出來的。三代的暴王縱情於耳目聲色之樂，終日沈醉於飲酒作樂，不顧百姓的痛苦。多做無用之事，暴虐百姓，違逆他們的意思；使下面的人民，不親近上面的君長，以致國家荒廢滅亡，但是這些暴王却不肯說自己薄弱無能，爲刑政不善，而說是命裡本來註定要滅亡的。這是墨家根據第一表的反面論據，以暴王的事跡來反證沒有命運這回事，所謂命運註定，只不過是暴王的藉口罷了。其次，墨家再以正面的論據，以聖王的事跡，來證實沒有命運這回事；安危治亂的關鍵，在上位的政治設施，怎麼可以說是有命呢？在同樣的土地，同樣的人民的情況下，桀紂治理天下，則天下大亂；湯武治理天下，則天下太平，這是因爲在上位的人，一將政治改革，人民的風俗也立刻爲之改變，並沒有所謂命運這回事。

至於第二表呢？

(1)自古以及今，生民以來者，亦嘗見命之物，聞命之聲者乎？則未嘗有也。若以百姓爲愚不肖，耳目之情，不足因而爲法。無則胡不嘗考之諸侯之傳言流語乎？自古以及今，生民以來，亦嘗有聞命之聲，見命之體者乎？則未嘗有也。然胡不嘗考之聖王之事？古之聖王，舉孝子而勸之事親，尊賢良而勸之爲善，發憲布令以敎誨，賞罰以勸沮，若此則亂者可使治，而危者可使安矣。（非命中）

(2)禹之總德有之曰：「允不著惟天民不能葆，既防凶心，天加之咎，不愼厥德，天命焉葆？」仲虺之告曰：「我聞有夏人矯天命于下，帝式是憎，用爽厥師。」彼用無爲有，故謂矯；若有而謂有，夫豈謂矯哉？昔者桀執有命而行，湯爲仲虺之告以非之。太誓之言也，於去發曰：「惡乎君子？天有顯德，其行甚章，爲鑑不遠，在彼殷王。謂人有命，謂敬不可行，謂祭無益，謂暴無傷。上帝不常，九有以亡，上帝不順，祝降其喪，惟我有周，受之大帝。」昔紂執有命而行，武王爲太誓去發以非之。曰：「子胡不尙考之乎商周虞夏之記，從十簡之篇，以尙皆無之，將何若者也？」（非命下）

這是第二表，要探討到底有沒有命這回事，必須以衆人耳目之情，有人看到，有人聽到，就是有；沒有人聽見，沒有人看到，就是無。有與無的標準，必須訴諸於人類五官的經驗，但是從古代到現在，從沒有人看到命這個東西，或是聽到命的聲音。不但百姓沒有見過，卽使是諸侯聖王也沒有見過，因此並沒有所謂命運這一回事。其次是徵以先王之書，看看古聖先王典籍的記載如何？作爲判斷有命無命的標準。墨子舉出總德、仲虺、太誓諸篇來證實命運的不存在。考之於虞夏商周的事跡，從十簡之篇以上的記載，都以爲命運之說是沒有的。

其次是第三表。

(1)今用執有命者之言，則上不聽治，下不從事。上不聽治，則刑政亂；下不從事，則財用不足。上無以供粢盛酒醴，祭祀上帝鬼神，降綏天下賢可之士；外無以應待諸侯之賓客，內無以食饑衣寒，將養老弱。故命上不利於天，中不利於鬼，下不利於人，而強執此者，此持凶言之所自生，而暴人之道也。（非命上）

(2)今也王公大人之所以早朝晏退，聽獄治政，終朝均分而不敢息怠倦者何也？彼以爲強必寧，不強必危，故不敢怠倦。今也卿大夫之所以竭股肱之力，殫其思慮之知，內治官府，外斂關市，山林澤梁之利，以實官府而不敢怠倦者何也？曰彼以爲強必貴，不強必賤，強必榮，不強必辱；故不敢怠倦。（非命下）

這是第三表。一方面從反面證實，如果相信執有命人的話，那麼在上位的人就不認眞去辦事，在下位的人也不會認眞去從事，以爲一切都是命中註定的，再努力也是枉然的。如此一來必定是刑政大亂，財用不足的。另一方面，從正面來證實，如果不相信命運的話，那麼，大家一定會努力做事，不敢怠倦。因爲大家相信只要勤勉做事，國家就可治理；不勤勉做事，國家就會混亂；努力耕種就可以富足，不努力耕種就要窮困。從這二方面加以比較，我們可以得知，相信執有命人的話，則上不利於天，下不利於人；而不相信命運的人，對國家人民都是有利的，因此墨家要非命。

上面這個例子是非命篇運用三表法的論證實例，底下我們再擧出非樂篇來加以分析，看看如何運用三表法。

墨家之所以要非樂，是因爲「上考之不中聖王之事，下度之不中萬民之利」（註九），所謂不中聖王之事，就是不符合三表法的第一表，所謂不中萬民之利，就是不符合第三表的要求。底下我們把三表列述出來，看看墨家如何非樂。

第一表：從前齊康公與樂，結果是虧奪民衣食之財。

第二表：舉出商湯所定官刑的記載，以及太誓和武觀上的記載，由於興樂而違反上帝的意旨，於是降禍給他們，弄得國破家亡。

第三表：為了要造樂器，必須增加賦稅，並且製造樂器，還要浪費人力，製造出來的樂器，只能供玩樂，而不能從事生產事業，而且要養一批樂工，不但減少生產，而且浪費財富，因此斷定興樂的事，是百害而無一利的。

明鬼篇也是應用三表法進行論證的。明鬼篇主要是要證實鬼神是有的，是確實存在的。讓我們看看他的證據如何？

第一表：三代聖王以為鬼神是有的。周武王，滅了殷朝，把紂王殺了，然後命令諸侯們分掌殷朝的祭祀說：「同姓之國得立祖王之廟，異姓之國得祭山川四望之屬。」可見周武王必定以為鬼神是有的，所以他將殷滅後，才命諸侯分掌祭祀。假使眞沒有鬼神的話，武王何必要分派諸侯去掌祭祀呢？

第二表：天下的人看見過鬼神的形狀是不可以勝計的，比方說杜伯的故事，秦穆公燕簡公等的故事，都曾見過鬼的出現。

另外也以先王之書為證，如周書大雅，商書、夏書禹誓等都有鬼神的記載，並指出鬼神能賞賢罰暴。

第三表：如果相信鬼神的存在以後，那麼官吏治理官府時，就不敢不廉潔自愛，見有賢人，就不敢不賢，見有貪暴，就不敢不罰，而人民原來做荒淫暴亂之事，擾亂治安，搶刼偸盜，用兵器毒藥和水火在路上攔刼人的也因此絕跡，所以天下太平。可見相信鬼神的存在，對人們是有利（註一〇）。

以上我們只舉出非命、非樂、明鬼三篇做實例加以分析，發現這三篇的論證結構，主要是以三表法爲骨幹的。當然，在墨子書中，以三表法進行論證的，不只是這三篇而已，我們只不過是以這三篇做爲實例，加以分析，做爲我們進一步探討三表法的準備而已。

第四節　三表法論證形式的考究

從上一節的論證舉例，我們已經知道如何應用三表法進行論證，在這一節我們還要繼續探究，三表法到底具有什麼樣的內涵。

第一表：本之者：⑴考之於天鬼之志。

⑵本之於古聖先王之事。

墨家的天是要人們兼相愛交相利的，而古聖先王，也都是秉承天的意志行事，兼愛天下之百姓，且率以尊天事鬼。古時的天子，是要替天行道的，因此，古聖先王的事跡，一定是符合天鬼之志的。事實上，第一表的這二個原則，說的是同一件事。

第一表的論證力量，主要是訴諸於古代的權威或是教條，以古聖先王的事跡，做爲衡量我們當今行事言論的準則，凡是符合古聖先王的教條，那就是對的，正確的，在道德行爲上就是應該的。

那麼，我們如何得知古代的權威，或是古聖先王的教條呢？關於這種知識的來源，有二種情形。一種是得自於民間的傳說，這是一種聞知；另一種是根據先王的遺書，這也是另一種型態的聞知。第一種來源，它和第二表的第一種情況是一樣的，同樣是訴諸於人們的耳目，它是人們聽到的；第二種來源，和第二表的第二種情況是一樣的，同樣是徵之於先王之書。照我們這樣分析，第一表和第二表，從某個角度來看，是相通的。

在應用第一表法進行論證的時候，往往是用正反二種論證形式的。正面的證據，那是根據聖王的事跡，而反證，就是用暴王的事跡。比方說，墨家在非命的時候，主要是要證實沒有命運的存在，用聖王的事跡，證明沒有命運這一回事，另外，再從反面，用暴王的事例做反證，暴王是相信命運的存在，以爲暴政被推翻是命中註定的事。但是，事實上是這些暴王不勉力從事的結果，政治的治亂安危的關鍵，在於政治的設施，無關於命運之說。

正證，從正面找出證據，證明該命題是不正確的。

反證，先假定該命題是眞的，然後再證明此命題是假的。

這是我們從第一表法的應用，歸納出二個論證的方法。

第二表是原之者：

(1)原察衆人耳目之實。

(2)徵以先王之書。

所謂原察衆人耳目之實，即是根據衆人五官的經驗，做爲判斷有與無的標準，「有聞之，有見之，謂之有；莫之聞，莫之見，謂之亡。」（註一一）如果可以看得到的，可以聽得見的，就是存在的；聽不到，看不見的，就是不存在。這種五官的經驗，包括一般民衆的經驗，諸侯的經驗，聖王的經驗。本來這三種經驗，應該都是一致的，因爲都是人類的經驗，其間的不同，主要是知識程度的不同。墨家以爲，如果你認爲一般民衆的經驗不可靠，那麼可以再看諸侯的經驗，或是聖王的經驗，而聖王的經驗相信是可靠的。這種經驗，不但包括現在的經驗，而且包括過去的經驗；我們在第一表所說的古聖先王的事跡，也就是過去的經驗。

至於以先王的書籍所記載的，做爲判斷事物的標準，一方面，我們可以說它是依靠過去的經驗，古聖先王的經驗，紀錄在書籍上的，作爲我們現在判斷事物的標準。

另一方面，先王之書所記載的，當然是古聖先王的事跡，因此，我們認爲這一點是和第一表，本之於古聖先王之事，是一樣的。而前者，根據過去的經驗，即是第二表第一項所說的，原察衆人耳目之情，以經驗作爲判斷事物的標準是一樣的。因此，我們認爲第二表法，主要是以人類的耳目經驗，作爲判斷事物的準則。

應用第二表法進行論證時，同樣可以有正反二種情形。

正面：可以看得見，可以聽到的，就是存在的。證明鬼神的存在，即是採用正面的證明。

反面：看不到聽不見的，就是不存在的。非命時，即採用反面的證明。其形式就是：如果是有的話，那麼爲什麼從來沒有人看見，沒有人聽到呢？

第三表是用之者：

發而爲刑政，以觀其是否中國家人民之利。

墨家用來判斷事物的第三個法寶是「用之者」；要判定一個事物或言論是否正確，可以讓它用來實行看看，如果實行以後，產生出來的結果，是對國家人民有利的，那就是對的，正確的；否則的話，就是假的，錯的。爲什麼對的，正確的事物或言論，產生出來的結果，是對國家人民有利呢？這是因爲基於墨家的一項價值判斷。所謂：「用而不可，雖我亦將非之，且焉有善而不可用者？」（註一二）這就是說，如果這是有用的，那麼便是好的；如果這是好的，那麼便是有用。根據這項價值判斷的準則，可以用來檢驗一個尚未判定是否正確的論題。如果它能帶來有利的結果，那麼它便是對的，否則便是錯的。

至於在應用的時候，第三表法也可以採用正反二種形式來進行論證。試看非命篇的應用：

正證：如果相信命運的存在的話，那麼人們便怠惰不做事，以爲一切都是命運安排好的，再努力也是枉然的。可見如果相信命運的存在，那麼，產生的結果是不利的。

反證：如果相信沒有所謂命運的存在，那麼人們便勤勉從事，以爲一分耕耘一分收獲，努力是可以有代價的。可見，如果不相信命運，那麼產生的結果是有利的。

從這正反二面的論證，加以比較，並以第三表爲標準，加以判斷，那麼，墨家的非命是正確的。

第三表主要是以現在和將來的效用，作爲判斷的準則，而第一表，可以說是一種過去的效用，因爲聖王的教條能產生有利的結果，而暴王則否，古聖先王的教條，之所以能形成權威，也是因爲它是有效的，對人民國家有利的，這個效用是過去經驗中的效用。就這一點來講，第一表和第三表是相通的。

從以上我們對三表法內涵探討的結果，發現這三表之間並不是完全獨立的，三個論證的準則。這三表之間，可以互相溝通，也就是說，往往同一個證據，有時可以歸到第一表，有時可以歸到第三表。現在我們再把這三表列述於下：

第一表：

名稱　本之者。

內涵　本之於古聖先王之事

形式　正證：聖王之事

如果合乎聖王之事，則是正確有效的。

反證：暴王之事

如果合乎暴王之事，則是錯誤無效的。

特徵　根據聖王的權威，過去經驗的效用。

第二表：

名稱　原之者。

內涵　原察衆人耳目之實。

形式　正證：如果可以看到，可以聽見，則是存在。

　　　反證：如果看不到、聽不見，則是非存在。

特徵　根據過去與現在的五官經驗。

第三表

名稱　用之者。

內涵　發以爲刑政，觀其是否中國家百姓之利。

形式　正證：如果這樣，則是有利的。

　　　反證：如果不這樣，則是無利的。

特徵　以現在和將來的經驗爲效用的準則。

根據我們探討的結果，三表之間是有某種程度的重疊，並且三表之間也沒有邏輯的關連。當我們進行論證的時候，並不需要三表全具才能構成有效的論證。因爲三者之間，並沒有邏輯的關連，不像三段論式，必須三段全具才能構成有效的論證。因此，我們爲了要去蕪存菁於是把三表法改訂如下：

第一表：訴諸於古代的權威。

第二表：訴諸於五官的經驗。

第三表：訴諸於實際的效用。

第五節　三表法的論證精神

墨家的法儀思想，認爲各行各業的人，不管是什麼人，從事什麼事業，只要是想把他的工作做好，那麼他必須有一套法儀，或是工具。從事思想工作的人，爲了要使立論或是推論正確，必須要有一套思想的工具，這就是墨家邏輯的要求，三表法卽是基於這要求，應運而生的。不錯，三表法是墨家進行論證的一種重要的方法，但是，如果我們把它拿來和西方的邏輯比較，三表法只不過是墨家思想的幾個準則而已；換句話說，如果符合這三個準則，那麼就符合墨家的學說或理論；如果符合三表法，則墨家認爲是可以接受的。相反的，如果不符合三表法，則不符合墨家的理論，但不一定表示它不正確，因爲有時不符合墨家的學說，可能符合儒家或道家的學說。因此我們認爲三表法，並沒有做到純粹形式論證架構的要求，並不是人類思想論證的普遍有效的準則，只不過是墨家思想論證的三個準則而已。

雖然如此，但我們並不感到失望，在我們探討三表法的論證形式的過程當中，我們已經發現，三表法雖然還沒有達到形式論證的要求，但它已經具有了科學的精神，在某些地方，也有和邏輯的論證精神相契合的。我們對古代的哲學家所重視的，是這種邏輯思想的萌芽，而不是已有的成果；我們所重視的，是它的論證精神，而不是現有的論證形式。因此，在本節裏，我們要對三表法的論證精神加以分析。

(1)三表法的科學精神

我們知道，科學態度一項最大的特點，就是依靠經驗資料。科學，可以說是起源於經驗的觀察，而觀察經驗，最原始最基本的方法，即是依靠人類五官的經驗，通常使用經驗的最簡單方式，是注意某些可見、可聞、可感、可嗅的東西（註一三）。科學的精神，除了講求方法，講求實驗外，最重要的，大概就是注重經驗了。科學是從經驗出發，由經驗的觀察開始，一切都是有根據的，不像玄學家，可以從無到有地構建體系。

舉例來說，伽利略爲了要證明，物體下墜所費之時間，與有關物之質量不相干，他可以做種種的實驗，有時拿羽毛鐵片，同時落下，有時二者都是鐵片等等，用種種的情況做實驗，然後仔細觀察，落下的時間，是不是一樣。如果用人類的五官觀察，不夠精確的話，那麼可以用儀器來幫助觀察。最後得到結論是：凡物體下墜所費之時間，與有關物之質量不相干。如果你對他的結論不相信的話，那麼，他同樣地可以拿來實驗給你看，然後證實這個命題是不錯的。

在墨家的三表法裏面，我們可以發現許多樸素的科學精神。最重要的也是重視經驗，全三表都是依據經驗，包括過去的經驗，現在的經驗，以及將來可能的經驗。特別是第二表，特別重視人類的耳目經驗，就是要利用人類的五官去進行觀察，把考察所得的結果，做爲論證的依據。雖然墨家對這種五官的經驗，並沒有加以批判，對這類經驗的可靠性，並沒有加以反省，但是這種重視經驗的精神，仍然是一種原始的科學精神。

其次，墨家也是講求實驗的，第三表所代表的思想，是科學的實驗精神。墨家爲了要證實一種言論是否有效，就把它拿來試用看，看它實行的結果如何而定。如果有一則墨家認爲有效的命題，而你不相信的話，那麼墨家可以說，讓我來實驗給你看，一實驗的結果，果然是對國家人民有利的。那你就不得不相信了。我想這也是代表一種實驗的精神。

三表法重視經驗，講求實驗，而科學正好也重視經驗，講求實驗，因此，我們認爲三表法具有科學的精神。

⑵三表法的演繹精神

一個演繹的論證，是一種可演證的推論；一個有效的演繹論證，不可能有前提眞而結論假的情形。主要是因爲演繹論證的結論，是從前提演證出來的，它並不需要前提以外的其他保證；更確切地說，演繹論證的結論，根本就是內在於前提裏面，只不過是經過一套演證的手續，使結論清楚地顯示出來而已。因此演繹論證是必然有效的。

例如　如果P涵蘊Q，而且Q涵蘊R。

那麼P就涵蘊R。

一般人都認爲，演繹論證的主要精神，是從普遍推出特殊，事實上，這句話是經不起分析的。我們只能這樣說，演繹論證是以前提的眞，來保證結論的眞，換句話說，如果前提眞，則結論一定眞。舉個例來說，因爲凡人皆有死，所以墨子會死。如果「凡人皆有死」這個普遍命題爲眞，那麼「墨子會死」這個特殊命題也一定眞。而這二個命題之所以相干，是因爲墨子也是人。因此，我們可以把這個論證，精確地展示如下：

1. 凡人皆有死
2. 墨子是人
3. 墨子會死

1.2.是前提，3.是結論。如果前提眞，那麼結論一定眞。因此我們認爲，演繹論證的主要精神之一，是用普遍的命題，來保證相干的特殊命題。

在三表法裏面，是否也具有類似這樣的演繹精神呢？

在第二節裏，我們列出了三表法的內容，第一表的乙種情形是「本之於天鬼之志」，第二表的乙種情形是「徵之於先王之書」，這二項原則，是不是想建立普遍的命題，來保證相干的特殊命題呢？這是值得我們考究的。

在墨家的思想中，天的意志，是人類行爲的最高指導原則，凡是人類的一切所做所爲，必須模仿天的所做所爲。也就是說，天的意志是絕對不可懷疑的，是完全正確的，因此，才是人類模仿的對象。所謂「本之於天鬼之志」，卽是一普遍有效的準則。我們可以把這個命題，做這樣的改造，「凡是天鬼之志，都是正確有效的，因此，只要合乎天鬼之志的，都是正確有效的」。

例如：1.凡是本之於天鬼之志的，都是正確的行爲。

2.兼相愛交相利是合乎天鬼之志的。

3.因此，兼相愛交相利是正確的行爲。

做個比喻來說，「本之於天鬼之志」，等於是一座分水嶺，從分水嶺流下來的水，當然和分水嶺上頭的水是一樣的；如果分水嶺上的水是有毒的，那麼流下來的水當然也是有毒的。

因此，我們認爲「本之於天鬼之志」這個原則，是想藉建立普遍有效的命題，來保證相干的特殊命題。至於第二表所謂的「徵以先王之書」呢？我想這也是依據同樣的道理。墨家要我們「徵以先王之書」，一定首先斷定先王之書所記載的都是正確無誤的，而且肯定它是不可懷疑的權威，只要先王之書說是對的，那麼就是對的；說是錯的，那麼就是錯的。只要那是先王之書所記載的，那就是可以斷定的。

例如：1.凡是先王之書所記載的，都是可以斷定的。

2.鬼神的存在是先王之書所記載的。

3.因此，鬼神的存在是可以斷定的。

從三表法這二個原則，我們可以看出，三表法的精神，是企圖從普遍與特殊的關係，來建立有效的推論；想藉普遍有效的命題，來保證相干的特殊命題。因此我們認為，三表法雖然還沒有建立精確的演繹論證形式，但是它已經有了演繹論證的精神。

(3)三表法的歸納精神

一個歸納論證，就是要在雜多的個例當中，找出它的規律或普遍的法則。比方我們說，太陽每天從東方升起，從西方落下。這就是歸納的綜合命題。在過去的日子，我們經驗到太陽從東方升起，從西方落下；於是我們把這個經驗加以推廣，然後下判斷說，太陽每天從東方升起，從西方落下。從這個例子，我們就可發現，歸納的方法，就是要多舉實例，詳加考察，發現每個例子每次都是如此，最後下普遍的判斷。因此，科學的哲學家，提出了歸納的原則：如果我們觀察了A在許許多多的事例中與B一同出現，並且我們從來沒有發現過當A出現時，而B不出現，於是我們可以推廣地說，A總是與B一起出現（註一四）。可見歸納的精神，就是嘗試要在特殊的個例當中，找出它的普遍法則。

在墨家的三表法中，我們是否也能找出它的歸納精神呢？

三表法的第一個原則是「本之於古者聖王之事」何以古聖先王之事，能做我們論證判斷事物的準則呢？當然，這個原則是依據過去的經驗得來的；從過去的經驗，發現古聖先王的事跡，足供後人的效法，於是訂出「本之於古者聖王之事」的準則。而且依據這個原則去做以後，果然得到正確有效的後果，並且屢試不爽。現在舉出非命篇的例子來加以說明。

例如：1.在同樣的土地，同樣的人民，同樣的天的情況下。

2.桀治天下，荒淫奢侈，天下大亂。

3.湯治天下，勵精圖治，天下太平。

4.紂治天下，怠惰浪費，天下大亂。

5.武王治天下，勤勉從事，天下太平。

…………

可見，安危治亂的關鍵，是在上位的政治設施，怎麼可以說是有命的存在呢？

這就是墨家歸納論證的一個例子。三表法的第一表即是從這種方法得來的。從古代的堯舜禹湯文武，桀紂幽厲等事跡，歸納的結果，發現聖王的事跡是足以為後世法的，因此，墨家認為「凡言凡動，合於三代聖王堯舜禹湯文武者為之。凡言凡動，合於三代暴王桀紂幽厲者舍之。」（註一五）第一表是歸納的命題。

第二表是「原察百姓耳目之實」，所謂耳目之實，即是要依據五官的經驗。墨家認為「莫之聞，莫之見，謂之亡；有聞之、有見之，謂之有。」（註一六）這是墨家對「存在」採實證之態度

第三表「發以為刑政，觀其是否中國家人民之利」這是墨家價值判斷的基本假設。

從我們的分析顯示出來，三表法不但具有科學的精神，而且已經有了演繹精神與歸納精神，

這是值得令人興奮的事。

第六節　三表法論證形式的批判

三表法的論證精神，如上一節所考究的，具有科學的精神，演繹與歸納的精神；從它的論證精神看來，它有可能發展出形式邏輯；但是就它的論證形式來考究，它只不過是墨家思想的三條原則，正如我們在第三節所指出的，訴諸古代的權威，訴諸五官的經驗，訴諸實際的效用。如果我們把這三個原則，轉化成三個普遍的命題，就很有可能發展成演繹的論證形式。

第一表化成：凡是合乎聖王之事，就是正確的。

第二表化成：凡是耳目可以經驗到的，就是存在的。

第三表化成：凡是可以產生實效的，就是對的。

如果我們把這三表當成大前題，我們就可構作演繹論證。如果我們要證明非樂非命是對的，那麼，只要我們能找到非樂非命對人生有利的證據，我們就可證出非樂非命是對的。可惜，三表法並沒有往純粹形式方面去發展。就三表法所標示的三個原則來看，也不是盡善盡美的。

第一表所謂的古者聖王之事，當然是指經過去經驗所考驗過的，是毫無疑問的；但是我們認爲，符合過去經驗的要求，固然是正確的，卽使是過去經驗所不能給我們保證的，也未必就是錯誤的。要以古證今，固然可以，但時代是日新月異的，有些現代的事情是古代所沒有的。知識是累積的，現代的知識當然要超越古代，因此我們認爲第一表所標示的原則，似乎太狹窄了一點。

第二表所謂原察衆人耳目之實，是重視人類的五官經驗，注重外在現象的考察，已經有了客觀性的要求，這一點，在中國哲學中，是最大的貢獻，也是墨家哲學的特徵。可惜的是，還是缺乏批判的精神，一味地重視耳目的經驗，對於感官的經驗，不加反省地就接受了，何況感官的經驗是最容易發生錯誤的。並且感官經驗所能達到的地方，也是有限的，墨家沒有注意到這一點，竟連「命」也把它當成物來看待，「生民以來，亦嘗見命之『物』，聞命之『聲』者乎？則未嘗有也。」（註一七）這是由於缺乏批判反省的精神所造成的缺點。

第三表是要以實際的效用作爲判斷事物的準則。以有用無用，有利無利來判定人生行爲的是非善惡，固然可以有某種程度的有效性，但是墨家把這一表用得太狹窄的，利的標準，似乎要眼前可看到的，才能承認，否則墨家爲什麼要非樂呢？有些利益，不是當下就表現出來的，有些是在無形中漸漸地表現出來的，所謂十年樹木，百年樹人就是要有百年大計的精神。墨家表現得有點急功近利。

本來我們對二千四百多年前的哲學方法，不能做這麼嚴格的要求，但是，我們之所以仔細地加以批判，一方面是希望能做一點繼往開來的工作，使中國哲學能有更進一步的發展；另一方面，是希望在批判的過程中，找出三表法對墨家哲學型態影響的一點線索。

第七節　三表法對墨家哲學型態的影響

由於三表法的基本精神是經驗的，而且重視古代的權威，因此在知識論上，墨家是屬於經驗主義和權威主義。權威主義的知識是重視聞知，而聞知又可分爲二種，一種是傳說，那是第一表所說的，相信聖王的權威；另一種是親聞，也就是第二表所揭示的，重視耳目經驗。而三表法的本質，當然是論證的，因此墨家的知識論，也是講求推論的。墨經論知識的來源有三種，卽聞說親三者（註一八）。至於整個墨家的哲學型態，也是受到三表法的影響和限制，講求經驗，和重視外在的現象，成了墨家哲學的特徵。另外也使墨家哲學無法體證本體，不如儒家和道家在形上學上有特殊的成就，唯一的是，墨家處處講求論證，知識論與邏輯方面的成就，也非他家所能比擬，從哲學史的觀點來看，不能不說是一大貢獻。

另外三表法帶給墨家哲學型態的一個重大影響，是使墨家講究功利，功利成了墨家價值判斷的充分且必要的條件。如果是有功利的，那就是好的對的；如果沒有功利，那就是錯的惡的。墨家之所以處處講求人生的實際效用，那是以三表法的第三表，作爲判斷的準則。

三表法帶給墨家學型態的影響是重大的。但是，如果我們從另外一個角度來考察，則我們可以說，因爲墨家哲學的基本要求或是觀點是如此，所以制定出來作爲論證的準則也是如此；因爲墨家講求功利，注重經驗，因此，制定出來的準則，也是功利的，經驗的。如果我們用這樣的角度，來加以比較研究的話，則我們可以說二者是互爲因果的。

第八節　結　語

三表法是墨家早期的論證形式，由於三表法的建立，已經奠定了墨家哲學論證的基礎。從三表法的論證精神，我們已經看出它有可能發展出一套形式邏輯，或許是演繹的，或許是歸納的。三表法，影響了墨家的哲學型態，在知識論方面，或是基本哲學觀點，都有決定性的影響。因此我們認爲，從三表法的研究，更能把握墨家的哲學精神之所在。

從本章的分析研究，我們不難發現，三表法的實質意義是重於它的形式意義，但是從它的論證精神，可以看出是含容博大的，隱含著邏輯思想的萌芽，有可能發展出類似近代的邏輯思想。比方說，第一表的本之於聖王之事，和第二表的徵以先王之書，除了我們在正文所指出的意義外，從它的論證形式來看，可以說是一種例證，就是以先王的事跡，做墨家思想的佐證。例證或反例，在近代的邏輯思想上，也是一項重要的概念，我國先秦的哲學家墨子，已經在使用例證或反例，來進行論證了。因此，在本文裏，我們沒有討論三表法的例證意義，留待我們研究墨家的例證和反例時，再一併討論。

註一　墨論期是有別於墨辯期，墨辯期是指墨經、經說，大小取各篇的著作時期。
註二　墨子非命下。
註三　墨子法儀，原文依孫詒讓校定。
註四　在非命上叫三表，非命中和非命下叫三法，一般都合稱爲三表法。
註五　以上三段參看非命上中下三篇。
註六　非命上。
註七　非命上。
註八　非命中。
註九　非樂上。
註一〇　原文請參看明鬼下。
註一一　非命中。
註一二　兼愛下。
註一三　參看　Max Black: Critical thinking　第十八章
註一四　參考　Bertrand Russell: The problems of Philosophy. 第六章
註一五　墨子貴義。
註一六　非命中。
註一七　非命中。
註一八　墨經上第八十條。

第四章 墨家「兩而進之」的論證形式

第一節 引言

由於墨家思想本身的特殊，和其所處的思想環境的關係，使得墨家的思想講求論證；不管是自己學說的展開，或與他家反復辯難，都必須講求論證，才能維護自己的學說，和求得辯論的勝利。

墨子在非命篇中所提出的「三表法」，主要是用於自己學說的展開的論證方法，而本章所要討論的另一種論證形式——「兩而進之」的論證方法，主要是用於與敵方辯難之用的。

「兩而進之」的論證方法，和「三表法」同樣是墨家早期的論證方法，但是「兩而進之」的方法，並不如「三表法」使用得那麼廣；我們僅僅在兼愛下篇發現，墨家連續使用了二次「兩而進之」的論證方法，除此之外，我們再也找不出這類的論證形式。

雖然這種論證方法，在墨家的思想中，使用得並不多，但由於這是代表墨家早期的一種特殊的論證形式，因此我們並不輕易放過，我們要仔細探討它的論證結構，也許它和墨家思想有密切的關係。

本文所要探討的問題，主要是根據兼愛篇的論證實例，研究它的論證結構，並進一步探討，何以會有這種論證形式，也就是這種論證形式的思想基礎何在，有何特徵，是否可能有進一步發展的可能等問題。

第二節 「兩而進之」的論證舉例

墨家提倡兼愛，但是當時一般人皆以爲兼愛是不可能實現的一種理論，因此受到許多非難，常常受到反對。那麼墨家用什麼方法來維護自己的主張呢？請看底下這段論證：

「然而天下之士，非兼者之言猶未止也。曰：『卽善矣！雖然，豈可用哉？』子墨子曰：『用而不可，雖我亦將非之，且焉有善而不可用者？』姑嘗兩而進之，設以爲二士，使其一士者執別，使其一士者執兼。是故別士之言曰：『吾豈能爲吾友之身，若爲吾身，爲吾友之親，若爲吾親。』是故退睹其友，飢卽不食，寒卽不衣，疾病不侍養，死喪不葬埋。別士之言若此，行若此。兼士之言不然，行亦不然。曰：『吾聞爲高士於天下者，必爲其友之身，若爲其身；爲其友之親，若爲其親，然後可以爲高士於天下。是故退睹其友，飢則食之，寒則衣之，疾病侍養之，死喪葬埋之，兼士之言若此，行若此。若之二士者，言相非而行相反與？當使若二士者，言必行，行必果，使言行之合，猶合符節也，無言而不行也。然卽敢問今有平原廣野於此，被甲嬰冑，將往戰，死生之權，未可識也；又有君大夫之遠使於巴越齊荊，往來及否未可識也。然卽敢問不識將惡也，家室奉承親戚，提挈妻子，而寄託之，不識於兼之有是乎？於別之有是乎哉？我以爲當其於此也，天下無愚夫愚婦，雖非兼之人，必寄託之於兼之有是也。此言而非兼，擇卽取兼，卽此言行費也。不識天下之士，所以皆聞兼而非之者，其故何也？」（註一）

這是墨子第一次使用「兩而進之」的論證方法；緊接著，墨子又繼續使用了一次，形式完全一樣，內容大同小異，因爲這是墨家唯有的兩個「兩而進之」論證形式的例證，因此我們不厭其詳地再例於後：

「然而天下之士，非兼者之言猶未止也。曰：『意可以擇士，而不可以擇君子。』姑嘗兩而進之，設以爲二君，使其一君者執兼，使其一君者執別；是故別君之言，吾惡能爲吾萬民之身爲吾身，此泰非天下之情也。人之生乎地上之無幾何也，譬之猶馳駟而過隙也。是故退睹其萬民，飢卽不食，寒卽不衣，疾病不侍養，死喪不葬埋。別君之言若此，行若此，兼君之言不然，行亦不然。曰：『吾聞爲明君於天下者，必先萬民之身，復爲其身，然後可以爲明君於天下。』是故退睹其萬民，飢卽食之，寒卽衣之，疾病侍養之，死喪葬埋之。兼君之言若此，行若此，然卽交若之二君者，言相非而行相反與？當使若二君者，言必信，行必果，使言行之合，猶合符節也，無言而不行也。然卽敢問今歲有癘疫，萬民多有勤苦凍餒，轉死溝壑中者，旣已衆矣。不識將擇之二君者將何從也？我以爲當其於此也，天下無愚夫愚婦，雖非兼君，必從兼君是也。言而非兼，擇卽取兼，此言行拂也。不識天下所以皆聞兼而非之者，其故何也？」（註二）

墨家主張以「兼」易「別」，但是天下的人都反對兼愛，於是墨子用上面所擧的論證來鞏固自己的學說，在下一節我們將分析這個論證的形式，也就是要探討它的構造是怎樣的一種型態。

第三節　「兩而進之」的論證形式

「兩而進之」是敵我二方發生爭論時，所使用的論證方法，例如兼愛篇的實例，墨子主張「兼愛」，而反對者主張「別愛」；當兼愛和別愛勢不兩立的時候，墨家就採用「兩而進之」的方法，同時把兼愛和別愛加以推論，然後決定熟是熟非。

如何推法呢？假使有兩個人，一個人主張兼愛，而另一個人主張別愛，主張別愛的人，不能爲朋友的父母親，像爲自己的父母親一樣，所以他看見友人饑餓時，不分食物給他吃，看見友人受凍時，他也不分衣服給他穿，有病時也不看護他，死了也不給他葬埋好。主張別愛的人，言論若此，行爲當然也會如此。但是主張兼愛的人就不如此，他爲友人的父母親，就像爲自己的父母親一樣；所以友人饑餓時，就送食物給他吃；見友人寒冷時，就贈他衣服穿，有疾病就加以看護；不幸死亡，就加以埋葬。主張兼愛的人，言論如此，行爲當然也該如此。照這樣，兼愛與別愛的言論和行事都相反，但是，當天下飢荒時，有的有飯吃，有的沒飯吃，那麼要人們來選擇時，不管是什麼人，即使是主張別愛的人也是一樣，一定是選擇兼愛的。如此在言語上反對兼愛，而在行爲上實行兼愛，那不是很奇怪嗎？墨家就是用這樣的方法，來反駁反對兼愛的人。

讓我們再把它的形式列述於下：

甲——別愛——言論：我豈能爲友人的身體，像爲自己的身體一樣；爲友人的父母親，像爲自己的父母親一樣。——行爲：擇取兼愛。

乙——兼愛——言論：爲友人的身體，像爲自己的身體一樣；爲友人的父母親，像爲自己的父母親一樣。——行爲：擇取兼愛。

從這個論證，我們得知，甲在言語上反對兼愛，但是在行爲上却選擇兼愛。言而非兼愛，行則取兼，這是自相矛盾，言行不一的。根據墨家的判斷，反對兼愛的人，言行不一致，因此是錯的。

由此可見，墨家「兩而進之」的論證方法，是基於言行一致的理論，如果言行不一致，那麼那樣的言論是不可靠的。讓我們再把上面這個論證加以形式化：

甲——言非A，行A。

乙——言A，行A。

因此，甲的言論是不正確的。

「兩而進之」的論證方法，即是把相對立的兩種言論，同時加以推論，看它產生的結果如何，然後再看雙方的行為取向如何，即可求得正確的結果。因此我們還可更精密地把這個論證形式，再加以列述如下：

甲——言：非A，產生結果為非X。行：取X。

乙——言：A，產生結果為X。行：取X。

因此，乙是正確的，甲是不正確的。

甲乙雙方的言論相反，言論可能產生的結果也相反，但是兩方所選取的行為是相同的，因此言行一致者是正確的，言行不一者是錯的。

可見墨家「兩而進之」的論證方法，是基於知與行的問題，也就是知識與行為實踐的問題。

第四節 知識與行為實踐的結合

墨家是注重言行合一的，凡是講到的就必須做到，「言必信，行必果，使言行之合，猶合符節也，無言而不行也。」(註三) 因此主張兼愛就得行兼愛，主張別愛就得行別愛，主張X就得行X。如果在言語上反對兼愛，而在行為上行兼愛，那麼他的反對兼愛是站不住脚的，因為墨家對知識的判斷是「非以其名也，以其取也」(註四)。墨家對知識的承認，完全是根據實際的行動，如果光是知道一些名詞的定義，不能算是眞知，必須要「口言之，身必行之」(註五)。如果我們告訴一個瞎子，關於黑和白的定義，那麼他一定可以知道什麼是黑，什麼是白，可是當我們把白的事物和黑的事物混在一起，叫他區分開來時，他就無能爲力了，因此瞎子不能算是眞的知道什麼是黑，什麼是白了(註六)。因此墨家以行爲實踐，做爲判斷知識的準則，如果他的行爲是兼愛的，那麼他是一個懂得兼愛的人，不管他的言論是否反對兼愛。

墨家「兩而進之」的論證方法，卽是基於言行合一的思想，和以實際行爲做爲判斷知識的方法；因此從「兩而進之」論證形式的第一個情況，反對兼愛而行兼愛來看，根據他的實際行爲，他是一個行兼愛的人，而在言語上却是反對兼愛，可見他是口非心是，而他的反對兼愛是不正確的。如果從言行合一的觀點來看，他反對兼愛，而行兼愛，「言而非兼，擇卽取兼」，這是言行不一致的，而言行不一致的主張是不可靠的。

由此可見，墨家「兩而進之」的論證方法，是以言行合一的理論做基礎的。如果言X，則必須行X。因此，墨家「兩而進之」的論證方法，卽是把相對立的言論，同時加以推論，如果能導出一方是言行不一致的，或是從一方的言論，導出他的行爲是實行另一方的言論，那麼該方是錯的。

第五節 「兩而進之」論證形式的特徵

墨家「兩而進之」的論證方法，和其他各種論證法，有一個最大的不同之點，那就是「兩而進之」的方法，必須要在兩種相對立的言論，發生論爭時才用得上，否則無用武之地。「兩而進之」的方法，不但是一種論證法，而且是一種論爭法。這是「兩而進之」論證形式的一個最主要的特徵，就是要與異說辯難之用的。

其次，「兩而進之」的論證方法，與墨家思想知行合一的觀點，有密切的關係。這樣的論證方法，並非建立在語法關係上的，而是基於墨家思想判斷方法的一種實質推論，因此，「兩而進之」的論證方法，不能發展成形式推論，只能當成一種論爭法，或是辯論術。

由於「兩而進之」的論證方法，是同時順從兩種對立的言論，加以推論看其產生的結果如何，如果能導出一方是言行不一致，或是言語反對人家，而行爲却是採取人家的言論，那麼該方是錯的。由於這是採取順從敵方的言論，然後導出對方是「口非心是」，或是「言行不一致」，那就證明對方是錯的。因此，「兩而進之」的論證方法，也算是「相從」論式（註七）。所謂「相從」的論證方法，即是先順從敵方的言論，而最後的目的，是想要破除敵方的言論，而「兩而進之」的論證方法，也具有「相從」論式的類同特徵。

第六節 結語

從墨家「兩而進之」的論證方法，我們可以證實墨家論證方法的特徵，不僅是用於自己思想的展開，而且用於論爭之用的。發展到晚期形成的辯學，還是具有這一特徵。

由於「兩而進之」這類論證形式，使用得並不多，因此我們只能就僅有的例子，分析它的形式結構，對於原始的論證方法，我們所能做到的，只是這麼粗淺而已。

墨家思想是講求論證的，在墨家創造出來的各種不同的論證方法當中，某些是合乎西方或是印度論式的，有某些是墨家自己獨有的，如「兩而進之」這種論證方法，是墨家獨特的論證型態。這類方法也許很粗淺，但從這類方法，也許更能瞭解辯學的特徵，因此這是其他各國所沒有的。

——一九七二年一月二十四日

註一 兼愛下，孫詒讓著墨子閒詁第七三頁。
註二 兼愛下，孫詒讓著墨子閒詁第七四頁。
註三 墨子兼愛下。
註四 墨子貴義。
註五 法儀。

註六　參見拙作，墨家認識判斷的準則，國魂第三一一期。

註七　相從論式，請參見經上第九二條。

第五章 墨家思想的還原論證法

第一節 引言

墨家的思想和它的論證法，經常是結合在一起的，特別是在實質的論證法當中，簡直分不開、到底是有了這樣的思想，才提出如此的論證準則；或是有了這樣的論證法，才產生墨家這樣的思想。我們只能說兩者是互為因果的。

墨家的三表法，決定了墨家思想發展的趨向，三表法是墨家思想論證的三個準則，也成了墨家思想認識判斷的三項準則。墨家的權威主義，經驗原則和實用主義，可以說是和三表法的論證方法相結合的。而墨家「兩而進之」的論證法，又和墨家重視言行合一的思想相結合，以言行是否相合，來判斷一個人的言論之是否正確。三表法大都是用來供自己的思想展開之用的，而「兩而進之」的論證法，大都是用來與他人辯論詰難之用的。這兩種實質論證法，都和墨家思想的特徵相結合。

在本章裏，我們想繼續探討，墨家的另一種實質論證法，並且嘗試研究這種論證法，和墨家思想中的某些特徵，是否有某種程度的相結合。在本文所要探討的論證法，我們暫時把它定名爲「還原的論證法」。

當然，這類表現出墨家思想特徵的論證法，在墨家思想論證的展開，或與他人辯論時，經常使用的；我們將試着分析，這種論證法的形成，以及它的特徵之所在。

第二節　還原法的論證舉例

在還沒有分析還原論證法的形式構造以前，首先讓我們來看看墨家如何使用還原法來進行論證，我們將從它的論證實例，窺探出它基本的論證精神。

讓我們看底下這段論證：

「子墨子曰：仁人之事者，必務求興天下之利，除天下之害；然當今之時，天下之害孰爲大？曰：若大國之攻小國也，大家之亂小家也；強之刼弱，衆之暴寡，詐之謀愚，貴之敖賤；此天下之害也。又與爲人君者之不惠也，臣者之不忠也，父者之不慈也，子者之不孝也，此又天下之害也。又與今之賤人，執其兵刃毒藥水火，以交相虧賊，此又天下之害也。姑嘗本原若衆害之所自生，此胡自生；此自愛人利人生與？卽必曰非然也。必曰從惡人賊人生，分名乎天下，惡人賊人者，兼與別與？卽必曰別也。然卽之交別者，果生天下之大害者與，是故別非也。」（註一）

這就是應用還原法，所展開的一段論證，讓我們繼續看另外一段論證：

「……藉爲人之國，若爲其國，夫誰獨擧其國，以攻人之國者哉，爲彼者由爲己也。爲人之都，若爲其都，夫誰獨擧其都，以伐人之都者哉，爲彼猶爲己也。爲人之家若爲其家，夫誰獨擧其家，以亂人之家者哉，爲彼猶爲己也。然卽國都不相攻伐，人家不相亂賊，此天下之害與？天下之利與？卽必曰天下之利也。姑嘗本原，若衆利之所自生，此胡自生，此自惡人賊人生與？卽必曰非然也；必曰從愛人利人生。分名乎天下，愛人而利人者，別與兼與，卽必曰兼也；然卽之交兼者，果生天下之大利者與，是故子墨子曰，兼是也。……」（註二）

在這二段論證當中，都曾使用「姑嘗本原」的字樣，這卽是還原論證法的標記，所謂「姑嘗本原」，就是要找出它的原因，它的本原之所在。從這二段論證實例，我們可以得知，所謂還原法，是指由果溯因的論證法。而我們之所以把它定名爲「還原法」，乃是仿照算術上的原理，比方某小孩不知他袋子總共有多少錢，但是知道他買糖果、買餅乾、買冰淋淇，把花去的錢加起來，再加上剩下來的錢，就是他原來所有的錢。這也是由果溯因的方法。因此，我們把墨家這類論證法，定名爲「還原法」。

第三節　還原論證法的特徵

上一節我們所舉出的論證實例，含有「姑嘗本原」的字樣，我們把它當成還原論證法的標記；但是在墨子中，並不是所有的還原論證法，都含有這個標記。因此，只要我們把還原法的形式構造，以及它的特徵分析清楚以後，自然就可認識出，那些論證是屬於還原法。

讓我們先分析第一個例子。墨子觀察當時的社會現象，發現當時的社會現象是，大國攻小國，強刼弱，衆暴寡，詐謀愚，貴敖賤，君不惠臣不忠，父不慈子不孝的社會現象。墨家善於觀察外在社會的現象，當他發現了當時的社會現象是一片混亂時，還要進一步地加以追究，到底產生這現象的原因何在。是從愛人利人產生嗎？如果這種現象是從愛人利人產生的，那麼人與人之間是相愛相利的，爲什麼會有相惡相賊的現象呢？因此產生這類現象的原因，一定不是愛人利人，而是惡人賊人。

墨家認爲任何一個現象，都可找出導出這現象的原因，從結果探求原因，並不是一件容易的事，但却是一件相當重要的事。單單對一現象的觀察瞭解，並無濟於事，就像一個醫生，如果單單知道這病相是什麼，而不知道導致這病相的原因，仍然無法對症下藥。因此，墨家特別重視從結果來探求原因，而還原論證法，也就是墨家求因的一個思想態度。根據上面所舉的論證實例，我們可以把它的論證形式抽引如下：

現象（果）——大國攻小國，強刼弱，衆暴寡，詐謀愚，貴敖賤等。

何以有此現象（因）——⑴是由愛人利人產生的嗎？

⑵還是由惡人賊人產生的？

⑶或是另有別的原因。……

相同的原因，會產生相同的結果；但是同樣的結果，可能是由不同的原因所造成的。比方說，有一個人落在水裏，這個現象的原因，可能是這個人不小心落水，也有可能是這個人故意跳水自殺，或另有其他的原因。因此，當我們要從現象來探求原因時，必須細心仔細加以辨析，才能找出正確的原因。

我們可以試著把上面的論證，加以符號化。

⑴現象A。⑵原因a，原因b，原因c，……

可見還原論證法，是由果溯因的論證法，但是由果溯因，並不是一件容易的事，同樣一個現象A，它可能有不同的原因a，b，c……，那麼我們如何從這些不同的可能原因之中，找出一個是眞正A的原因呢？這其間並沒有機械的法則可尋，唯有依賴個人的學識和智慧，來做適當的抉擇。因此，還原論證法，還必須依賴其他的知識，作爲判斷的準則，無法達到純粹形式論證的要求；我們只能把它當成墨家的一項思惟方法，或是思想態度。

第四節　因果關係的剖析

因果之間的關連，牽涉到的問題很多，A與B之間是否有因果關連，是一個相當複雜的問題。通常一般人都以為B在A之後，那麼B是由A所產生的；當然，如果A與B之間有因果關連，我們可以說如果A出現，則B出現。A與B是在一個時序相承的關係中出現的。在時序中，如果事件E之出現在F之後，那麼我們可以說E和F具有時序相承的關連，像這樣的時序相承，可以說是因果關連的一個必要條件（註三）。那麼，到底什麼是因果關連呢？我們可藉有關事實的衍遞（entailment）來界定因果關連；當我們說A與B有因果關連時，等於說A衍遞B（註四）。A與B之間是否具有衍遞關係，也是一個相當複雜的問題，要斷言一種因果關係，不可能祇就單獨情況下結論；當我們在檢視A與B之間是否具有因果關係時，常要先具有別種事件的許多知識，而後才能斷定A與B之間，是否具有因果關係（註五）。

因果間的關係，已經是相當複雜了，而墨家思想的還原論證法，要從果溯因，也就顯得更加地複雜了。當我們說「如果A，則B」時，我們不能說「有B，因此有A」，因為這樣說的話，顯然犯了邏輯上肯定後項的謬誤。當然墨家所意味的因果關係，並不一定是邏輯的涵蘊關係，也許僅僅是單純地要追究一個現象的因，從一個結果，來追問產生這個果的原因何在。即使是這麼一個單純的方法，也不見得很容易地就可從果找出因。凡事有因而後有果，凡果必有其因；有時一因可成一果，有時多因方成一果。有時同果未必同因，譬如同樣是生病，有的是中暑，有的是著涼，其因未必相同。同樣是上吐下瀉，有的是因食物中毒，有的是得了霍亂。因此從果溯因，也不是一件容易的事，經常會有錯誤的可能。墨家思想的還原論證法，是要從果溯因，不但重視求因，而且知道了從果溯因的危險性，因此說凡事「其然也，有所以然也，其然也同，其所以然也不必同」（註六）。既然「其然也同，其所以然也不必同」，那麼，我們要從「其然」，來探究「其所以然」，也就要特別小心了。

墨家這種由果溯因的論證法，已經注意到因果間的複雜關係，不但已自覺到同果未必同因，而且已討論到衍遞間的不同關係。

請看墨經第一條。

經　故，所得而後成也。

說　小故，有之不必然，無之必不然。體也，若有端。大故，有之必然，無之必不然，若見之成見也（註七）。

墨經所說的故，即是因果的因。得因可以成果，那麼因果間具有什麼樣的關係呢？有的是一因可以成一果，比方說，把刀子刺進人的心臟，那麼人就會死掉。有的是數因才能成一果，缺一不可；比方說，單獨的一顆種仔，並不能長成一顆樹，它還需泥土，陽光，水分，而後能長成一顆樹。

墨家已經注意到了因果間的這類關係，因此提出了大故和小故。所謂小故是「有之不必然，無之必不然」，也就是光是有了小故，並不一定能成果，但是沒有小故，則一定不能成果。比方我們可以說種子是由成爲一棵樹的小故，因爲有了這棵種子，並不一定能成爲一棵樹，但是如果沒有這粒種子，那麼一定不能長出一棵樹。墨家所說的小故，也就是西方邏輯或方法學上所說的必要條件（Necessary Condition）。我們也可以用底下的方法，將小故的意義展示如下：「所謂小故是，如果有X，那麼可能有Y或沒有Y；如果沒有X，那麼一定沒有Y；有了這樣的關係，我們就可以說X是Y的必要條件。」

那麼，墨家所說的大故是指什麼呢？所謂大故是「有之必然，無之必不然」，也就是說，如果有了大故，那麼一定能成果，沒有大故，那麼一定不能成果。比方說，如果溫度降低到零度以下，那麼水就結成冰，如果溫度沒有降到零度以下，那麼水就不會結成冰。因此，溫度降到零度以下這個條件就是水結冰的大故。墨家所說的大故，相當於西方邏輯或方法學所說的充分且必要條件（Sufficient and Necessary Condition）。因此我們還可以將大故的意義，用底下的方式展示出來：「如果有X則有Y，而且無X則無Y，那麼X就是Y的充分且必要條件，X就是成Y的大故。」（註八）

墨家對因果關係的分析，只提出大故和小故，相對於西方的邏輯，那就是所謂必要條件和充分且必要條件。在西方的方法學，還有另一種衍遞關係，那就是充分條件（Sufficient Condition

）；因此我們可以替墨家補充一種「中故」，就是「有之必然，無之不必不然」，比方說，「下雨則地濕」，那麼下雨是地濕的充分條件，因爲下雨一定會地濕，但不下雨地也可能會濕。我們也可將中故的意義展示如下：「有X則有Y，無X則有Y或無Y，那麼X是Y的充分條件，也就是說X是Y的中故。」

墨家對因果的衍遞關係，已經提出二種關係，可見先秦的墨家，在方法學上可以說已經有了相當大的成就。

第五節　墨家思想的一個特徵

從墨家這種由果溯因的論證法看來，墨家對於外在現象的考察，不僅僅止於現象本身的瞭解，同時還要追究導致這現象的原因何在；因爲墨家已經發現：同樣的結果，而產生結果的原因可能不一樣，如果不能掌握到眞正的原因，那麼就無法對症下藥。墨子說：「聖人以治天下爲事者也，必知亂之所自起，焉能治之；不知亂之所自起，則不能治。譬之如醫之攻人之疾者然，必知疾之所自起，焉能攻之；不知疾之所自起，則弗能攻。治亂者何獨不然，必知亂之所自起，焉能治之；不知亂之所自起，則弗能治。聖人以治天下爲事者也，不可不察亂之所自起，當察亂何自起。……」（註九）

就像醫生的治病一樣，一定要查出病因，否則不能對症下藥；對社會現象的考察，同樣要找出病源，否則一樣無法把社會治好。

我們知道墨家思想的還原論證法，是要從結果還原出原因，也就是由果溯因的方法，而這個方法，正表現了墨家思想重視求因的特徵。墨家思想中，表現出求因的特徵，隨處可見，我們可以隨手舉例來加以證明。

「……家君得善人而賞之，得暴人而罰之，善人之賞，而暴人之罰，則家必治矣！然計若家之所以治者，何也？唯以尙同一義爲政故也。」（註一〇）又如：

「……聖王不往而視也，不就而聽也，然而使天下之爲寇亂盜賊者，周流天下無所重足者，何也？其以尙同爲政善也。……」（註一一）

墨家思想重視求因的特徵，正表現了墨家的救世精神，墨家看到社會混亂，一定會問，社會爲什麼會這麼亂，其因何在？看到政治上軌道，也會問，政治清明的原因何在？

墨家思想重視求因的結果，也促進了墨家邏輯思想的發展。墨家的「因」，又稱爲「故」，特別是發展到墨辯期，都稱爲「故」，所謂故，已經含有原因和理由二層意思了。原因是指在實在世界的事情，它的功用是能在實在世界引起結果的。例如物體受熱，便會引起體積的膨脹；受熱是原因，而膨脹是結果。至於理由是指論理學上的推理根據，雖以實在世界的事情爲其基礎，但並不於實在世界內發生任何作用，它只能證明結論，不能產生實在的結果（註一二）。墨家思想的重視求因，已經奠立了墨家邏輯思想發展的基礎，墨家的邏輯思想，便是以「故」爲中心的，發展到墨辯期形成的「六物式」的論證形式，也是以「故」爲骨幹的。可見墨家這種求因的思想態度，對整個墨家思想發展的影響，是既深且巨的。

第六節　結　語

墨家這種由果溯因的還原論證法，表現了墨家求因的思想態度，也可看出墨家早期邏輯思想的萌芽。不管是在東方印度或是西方，邏輯論證的要求，最主要的是講求原因或理由。就以西方邏輯的三段論式爲例吧！如果我們說「凡人會死，而墨子是人，因此墨子會死」，在這個論證當中，凡人會死和墨子是人，這二個命題就是用來支持，墨子會死這個結論的理由。

而在印度因明學的三支式中，表現得更明顯，所謂「三支式」是指「宗，因，喻」三支；宗相當於結論的意思，主要是指自己的主張宗旨，而因正是指原因或理由，喻只是用來舉例說明的。可見在因明學中，也是相當重視求因的，三支式也是以「因」爲骨幹。

至於墨家的邏輯推論所依據的「辭、故、理、類」的原則，其中的故，當然是指原因或理由。不管是東西方，只要是邏輯論證，都有重視原因或理由的要求。

而墨家由果溯因的還原論證法，從論證的精神上來講，和印度的因明學，是很接近的，因此墨家邏輯思想的發展，是很接近於印度的因明學。

——一九七二年八月八日於拇指山下

註一　墨子兼愛下，孫詒讓著墨子閒詁第七一頁。
註二　墨子兼愛下。
註三　殷海光著思想與方法，第二八三頁，文星書店出版。
註四　同上註第二八五頁。
註五　卡納普著，李太楓譯，物理之哲學基礎，第一八九頁，幼獅書店出版。
註六　墨子小取篇。
註七　墨子經上第一條，參見高晉生著墨經校詮第三一頁，臺北世界書局出版。
註八　殷海光著邏輯新引，第四九頁，亞洲出版社出版。
註九　墨子兼愛上，孫詒讓著墨子閒詁第六二頁。
註一〇　墨子尚同下，孫詒讓著墨子閒詁，第五七頁。
註一一　墨子尚同下，孫詒讓著墨子閒詁，第六十頁。
註一二　陳大齊著印度理則學，第七頁，中華文化出版事業委員會出版。

第六章　墨家的譬喻與類比論證

第一節　引　言

中國的哲學家最善於使用類比論證，主要是因爲中國的哲學著作，也是文學作品，高深的哲學思想，往往以優美的文學作品來表達，因此，中國的哲學和文學，常常是結合在一起的。介於文學和哲學之間的思想論證形式，那就是類比論證。

類比論證，一方面具有文學的功能，另一方面還有論證的功能；文學上主要是用於文句的修飾，達到文學上生動的目的，在哲學所使用的，是論證的功能，用來推理或說明的，爲了增進說服力，也常使用這種論證。如果我們細心一點的話，我們隨處可以發現類比論證。在詩經通常叫「比」，在易經叫「象」，而在春秋則叫「況」。我們古代的哲學家，不但時常使用類比論證，而且在墨子裡面，已經給予適當的定義，並且區分出不同的類比形式。

類比的形式有很多種，最簡單的就是比喻，比方說：「她像蝴蝶一般的美麗」，這種簡單的比喻，也是類比的一種，其他的如墨家所區分的辟侔援，也都是類比的論證形式。本來譬喻當然也屬於類比論證的一種，而在本文裡，爲了討論的方便，我們把譬喻單獨提出來。因爲我們發現在墨家裡面，使用譬喻的地方很多，這是簡單的形式，另外還有比較複雜的類比，並且具有論證的形式；因此，我們準備在譬喻這一節討論簡單的形式，而在類比論證這一節討論複雜的形式，然後再繼續討論辟侔援的區別。

第二節　譬喻與類比論證

類比論證（Analogy）是依據兩事物之間的類似性，而由此一事物推知彼一事物的論證形式，它是由特殊推出特殊，既不是概念的演算，也不是語法的轉換。如果有二件不同的事物，在其間有某些類似的地方，因此我們可以根據這些類似性，而推出或證明其他我們未知的性質。此種論證的方式就是類比論證。

類比的一種最簡單的形式，就是譬喻（Simile）。通常當我們用「像」、「如」、「同樣的」等等字眼來比較兩事物間的某些性質——如，美麗、明亮、強度等時，這是傳統的明喻（註一）。這是文學的用法，並沒有邏輯意義。在邏輯上所討論的譬喻，是用來說明、解釋、或是論證的。當我們要表達一個高度抽象的概念時，或是難以直接說明某一事物的道理時，或是二個不同程度的人的對談時，那就必須要借助於譬喻了。當老師要向小朋友說明地球的形狀時，他可以拿一個橘子來做譬喻。因此，譬喻可以分成二個部份；一部分是用來譬喻的，叫做能譬，另一部分是譬喻所欲說明的或論證的，叫做所譬（註二）。譬喻之所以能夠達到傳達，說明，解釋或論證的目的，主要是因爲能譬與所譬之間，具有某些類似性。因此，譬喻也是類比的一種形式。

兩事物間的元素或關係的相類似，是構成類比的基礎，推理的依據僅僅是相似性而已，因此，類比推理所得的結論，也僅具蓋然性而已，我們只能說，類似點愈多，則蓋然性愈高，並不具必然性，並不能保證結論一定不錯。雖然類比推理並不具必然性，但它的論證力量，有時是很堅強的，特別是具有說明的功能。

因爲我們在進行類比論證的時候，通常是以淺近的事理，或人們所熟悉的事物，來類比（或說明）艱深的事理，這樣才能達到類比的目的。因此類比論證，只是列擧類比的諸事物，而不列出其間的相似點，因爲所列擧的事物是人們熟悉的。但是只要我們加以推展，一個類比論證，都是具有如下的形式：

(1)X確實有A、B、C

(2)Y也有A、B、C

(3)但是X有D

(4)因此，Y也有D（註三）。

但是一般的類比論證，都省略了這些形式，僅僅是把所類比的諸事物加以排比而已。

在墨家的思想裡，利用類比論證來進行思考的地方，隨處可見。而我們之所以把譬喻和類比論證分開來討論，主要是因爲，我們發現墨家的類比論證，具有論證的形式，有層次的，往往用好幾件事來類比一件事；而譬喻僅是用一件事來比喻另一件事而已。當然譬喻也是類比的一種，在墨家思想裡，使用譬喻這種簡單的形式，主要是用來說明簡單的概念；而複雜的類比論證，是用來做理論的展開。

第三節　墨家的譬喻

在墨子的思想中，使用譬喻的地方很多，而墨家的譬喻，主要是用在說明和論證，或是加強論證力量。底下我們將舉出例子來加以說明。

「仁者之爲天下度也，辟之無以異乎孝子之爲親度也。」（節葬下）

這是用孝子的替父母打算，來比喻仁義的人的爲天下打算。父母若是貧窮，就設法使其富足；家內的人若太少，就設法使之增多；家人若紛亂沒條理；就要設法去治理他們。同樣的，仁義的人，替天下打算，也是如此，天下若貧窮，就設法使之富庶；人民若稀少，就設法使之繁殖；衆人若混亂沒有紀律，就設法去治理他們。這則比喻具有說明的功能。

「計原葬，爲多埋賦財者也；計久喪，爲久禁從事者也。財以成者，挾而埋之，後得生者，而久禁之，以此求富。此譬猶禁耕而求穫也。富之說無可得焉。」（節葬下）

這則譬喻是以禁耕而求穫，來比喻厚葬久喪的無益於國計民生。厚葬久喪必使人民無法從事於生產事業，就像禁止耕種一樣，是不可能有所收穫的。顯然的，這則譬喻已經達到論證的目的。

墨家在非攻時，曾從各方面證明戰爭的不利，但有時戰爭對某些少數國家也許是有利的，那麼墨家如何自圓其說呢？

「子墨子言曰，雖四五國，則得利焉，猶謂之非行道也，譬若醫之藥人之有病者然。今有醫於此，和合其祝藥之於天下之有病者而藥之，萬人食此，若醫四五人得利焉，猶謂之非行藥也。」（非攻中）

雖然可能有四五國因戰爭攻伐而獲利，但仍不得不稱攻戰爲可行之道；就像醫生開藥給病人吃一樣。如果現在有一醫生，開藥方給天下的人吃，一萬個人吃了，只有四五人的病被治好，這藥仍然不能被稱爲靈藥，醫生仍然不是好醫生。如果要直接解釋，戰爭使四五國得利，仍然不能算戰爭是有利的，也許是很困難的。但用醫生醫人這個例子來做比喻，那麼，我們很容易就可瞭解了。主要是因爲醫生醫人的比喻，是與人們切身的而且熟悉的。

在兼愛篇也有例子。

「聖人以治天下爲事者也，必知亂之所自起，焉能治之，不知亂之所自起，則不能治。譬之

如醫之攻人之疾者然，必知疾之所自起，焉能攻之，不知亂之所自起，則弗能治。」（兼愛上）

墨家認爲要治理天下，一定要先知道天下亂的原因何在，才能治理天下，否則無法治理天下。就像醫生的治病一樣，一定要先知道病根之所在，才能開藥方，否則無法治病。這也是以醫生的治病，來比喻聖人的治天下。

「縣子碩問於子墨子曰：『爲義孰爲大務』子墨子曰：『譬若築牆然，能築者築，能實壞者實壞，能掀者掀，然後牆成也。爲義猶是也。能談辯者談辯，能說書者說書，能從事，然後義成也。』（耕柱）

在這一段裡，墨子也是用譬喩的方法，來回答爲義孰爲大務這個問題。以爲爲義就像築牆一樣，必須要分工合作，大家要各盡其所能，然後合乎義的事才能做成功。

「子墨子怒耕柱子，耕柱子曰：『我毋兪於人乎？』子墨子曰：『我將上大行，駕驥與牛、子將誰敺？』耕柱子曰：『將敺驥也。』子墨子曰：『何故敺驥也？』耕柱子曰：『驥足以責。』子墨子曰：『我亦以子爲足以責。』」（耕柱）

當墨子罵耕柱子的時候，耕柱子就問墨子，是不是他比不上別人，但是墨子並沒有直接回答他的問題，而是用譬喩的方法，讓他知道，他是可堪造就的，所以墨子才要責備他。這是引導的啓發的方法。

「巫馬子謂子墨子曰：『鬼神孰與聖人明智？』子墨子曰：『鬼神之明智於聖人，猶聰耳明

目之與聾瞽也。』（耕柱）

墨子認爲鬼神比聖人還聰明，就像耳聰目明的人，比聾子瞎子聰明一樣，從這個譬喻，很容易就使人知道，鬼神的聰明程度是遠超乎聖人之上的。

墨家使用譬喻的地方很多，以上只不過是隨手舉出例子而已，當然還有許多我們沒舉出的。在墨語這一部分，也就是記述墨子言行的這幾篇使用譬喻的地方特別多，主要是因爲，在說明或解釋時具有很大的功能。因此在師徒對談的時候，常常就近取譬，以淺近的事理，來比喻高深的學理，或不明的事理。這種譬喻的形式是單純的，能譬和所譬二項，都是單純的事物，只是以一事物來比喻另一事物而已。

第四節　墨家的類比論證

墨家的譬喻是以一件事，來比喻另一件事，而也有用好幾件事來類比一件事的，這樣的形式，大都是用來論證推理的，這就是本節所要討論的類比論證。讓我們先看底下的例子：

「今王公大人，有一牛羊之材不能殺，必索良宰；有一衣裳之材不能制，必索良工；當王公大人之於此也，雖有骨肉之親，無故富貴，面目美好者，實知其不能也，不使之也。是何故？恐其敗財也。當王公大人之於此也，則不失其尚賢而使能。王公大人，有一罷馬不能治，必索良醫，有一危弓不能張，必索良工。當王公大人之於此也，雖有骨肉之親，無故富貴，面目美好者，實知其不能也，必不使，是何故？恐其敗財也。當王公大人之於此也，則不失尙賢使能。逮至其國家則不然，王公大人，骨肉之親，無故富貴，面目美好者，則舉之，則王公大人之親其國家也，不若親其一危弓罷馬衣裳牛羊之財與。我以此知天下之士君子，皆明於小而不明於大也。」（尙賢下）

這一段就是用類比的方法，證明治理國家必須要尙賢，如果我們把類比的形式，列舉出來，那就會顯得更清楚了。

⑴王公大人，有一牛羊之材不能殺，必索良宰。（不以骨肉之親，唯賢是用。）
⑵王公大人，有一衣裳之材不能制，必索良工。（不以骨肉之親，唯賢是用。）
⑶王公大人，有一罷馬不能治，必索良醫。（不以骨肉之親，唯賢是用。）
⑷王公大人，有一危弓不能張，必索良工。（不以骨肉之親，唯賢是用。）
⑸因此，王公大人，有一國家不能治，必索賢人，不以骨肉之親，唯賢是用。

從這個論證，我們可以看出，前面四個前題，都是王公大人所知道，而且做到的。因此，小至製衣殺牛，都懂得尙賢，而大至國家，却任用私人，不擧賢人，那豈不是明於小而不明於大嗎？

讓我們再研究一下非攻篇，此篇從頭至尾，使用類比來進行論證，論證謹嚴，層次井然，說服力很強。讓我們先看原文：

「今有一人，入人園圃，竊其桃李，衆聞則非之，上爲政者得則罰之。此何也，以虧人自利也。至攘人犬豕雞豚者，其不義又甚入人園圃竊桃李，是何故也，以虧人愈多，其不仁玆甚，罪益厚。至入人欄廐，取人馬牛者，其不仁義，又甚攘人犬豕雞豚，此何故也，以其虧人愈多，其不仁玆甚，罪益厚。至殺不辜人也，拖其衣裘，取戈劍者，其不義，又甚入人欄廐，取人牛馬，此何故也，以其虧人愈多，苟虧人愈多，其不仁玆甚矣，罪益厚。當此天下之君子，皆知而非之，謂之不義。今至大爲攻國，則弗知非，從而譽之，謂之義，此可謂知義與不義之別乎？殺一人謂之不義，必有一死罪矣，若以此說，往殺十人，十重不義，必有十死罪矣。殺百人，百重不義，必有百死罪矣。當此天下之君子；皆知而非之，謂之不義。今至大爲不義，攻國則弗知非，從而譽之，謂之義，情不知其不義也。故書其言，以遺後世，若知其不義也，夫奚說，書其不義，以遺後世哉。今有人於此，少見黑曰黑，多見黑曰白，則以此人不知黑白之辯矣！少嘗苦曰苦。多嘗苦曰甘，則必以此人爲不知甘苦之辯矣！今小爲非則知而非之，大爲非攻國則不知非，從而譽之，謂之義，此可謂知義與不義之辯乎。是以知天下之君子也，辯義與不義之亂也。」

(非攻上)

這篇的論證力量是很強的，全文連續使用三個類比論證，而且所據以爲類比的前提，都是人們所熟知的，顯然正確的。現在我們嘗試把他的論證形式，列擧如下：

(1)偷人家的桃李，是虧人自利的行爲，是有罪的。

(2)偷雞鴨的行爲，比偷桃李更不應該，罪更重。

(3)偷牛馬的行爲，比偷雞鴨更嚴重，罪應該更重。

(4)殺無辜的人，比偷牛馬更嚴重，罪應該更重。

因此，攻打別國，比殺無辜的人更嚴重，更不應該。

前面四個前提，都是任何人都能同意的，用這四個前提，可以類比出墨家的結論，戰爭是不應該的，雖然這論證並沒有列出共同的類似點，但由於每個前提都是顯明的，而且一步一步地加深它的共同點，因此論證的力量是很強的。而這個論證的結論，是用反結語的形式呈現出來，因爲當時時常有戰爭，因此墨家用反向的方法，提出反問，既然，承認前面四個前提，那爲什麼還要提倡戰爭呢？於是墨家又提出第二個論證：

(1)殺一人，謂之不義，必有一死罪。

(2)殺十人，十重不義，必有十死罪。

(3)殺百人，百重不義，必有百死罪。

(4)因此，攻人之國，是大爲不義的。

這個論證的結論，也是反問法的，在這裡，我們把它改爲肯定式呈現出來。上面這二個論證，都是以小事來類比大事；平常的一些小事，人們都能有是非之辨，但是大到像攻人之國這樣大的事，反而沒有是非之辨。於是墨家又用了一個比喻的類比論證，來反證戰爭是不應該的，而正面則在諷刺一般人的知小而不知大。讓我們看這個論證的形式：

(1)少見黑曰黑，多見黑曰白，則以此人不知白黑之辯。
(2)少嘗苦曰苦，多嘗苦曰甘，則必以此人爲不知甘苦之辯。
(3)今小爲非，則知而非之，大爲非攻國，則不知非，從而譽之，謂之義，此可謂知義與不義之辯乎？

這個論證，主要是用來強調的，前面二個前提，是顯明的，任何人都可承認而不會有爭論的。用這二個前提來類比上面二個論證所得到的結論，使結論更爲堅強有力。

墨家的類比論證，不但有強烈的論證力量，而且，具有強調的作用。因爲所據以類比的前提是人們所熟悉的，因此在論證時，類似點都省略而沒列舉。嚴格說來，這樣的形式並不很完整。

第五節　墨家的辟、侔、援

在墨家的思想中，不但使用類比的方法，來進行論證，而且區分出類比的各種不同的形式，而給予適當的定義。在小取這一篇裡，討論各種不同的論證形式，而屬於類比的有辟、侔、援三種。

所謂辟是——「辟也者，舉他物而以明之也。」

在第三節裡，我們已經討論了很多墨家的譬喻，即是這裡所說的辟。根據這裡的定義，所謂辟，就是舉他物來說明此物；用一件別的事物來說明，或論證其所欲說明的事物。因此辟必須有二個要素，一個是用以辟喻的，那是能辟，另一個是譬喻所欲說明的，卽是所譬。所譬往往是較爲深奧的，如就其本身來加以闡述，往往不易領悟，因此要使用比喻。而能譬，往往是淺顯的，日常習見習聞，人們所熟悉的事物來做比喻，否則就無法達到譬喻的目的了。譬喻主要是用來說明的，許多事物，如不使用譬喻，往往使人難以瞭解。比方底下的例子：

「梁王謂惠子曰：『願先生言事則直言耳，無譬也。』惠子曰：『今有人於此，而不知彈者，曰：彈之狀何若？應之曰：彈之狀如彈，則諭乎？』王曰：『未諭也。』『於是更應曰，彈之狀如弓，而以竹爲弦，則知乎？』王曰：『可知矣。』惠子曰：『夫說者固以其所知諭其所不知，而使人知之，今王曰無譬，則不可矣。』」（註四）

上面這段梁王和惠子的對話，顯示出譬喻的作用和功效。惠子也是使用譬喻來說明譬喻的重要。而譬喻的主要作用，正是要「以其所知諭其所不知，而使人知之」。

在墨家有辟，同樣的，在印度因明的五支式也有喻。因明的喻有二種，「一者同法，二者異法。同法者，若於是處顯因同品決定有性，謂若所作，見彼無常，譬如瓶等。異法者，若於是處，說所立無，因徧非有，謂若是常，見非所作，如虛空等。」（註五）因明的喻有二種，也就是同喻和異喻；同喻是以同見同，異喻是以異見異。雖然墨家只提出喻，而沒有區分爲同異二種，但在實際的運用上，大部分是使用同喻，而異喻也曾經出現過。像底下這個例子就是異喻：

經　仁、體愛也。

說 愛已者非為用已也。不若愛馬者（註六）。

至於什麼叫做「侔」呢？所謂侔就是——「侔也者比辭而俱行也。」

墨家的侔，很難瞭解。根據這個定義，我們認為墨家所說的侔，是指二個命題的相類比。「侔也者比辭而俱行也」，比字有齊等的意思，有類例的意思。故比辭而俱行，意即齊等其辭，或類例其辭，相與推行（註七）。所謂比辭，一定是指兩辭之相比，而所謂辭，即是邏輯上所說的命題。既然是兩辭之相比，那麼一定要有能比之辭，和所比之辭。而二命題之所以能相比，其類比的基礎，當然是基於兩命題的形式構造的相類似性。例如：

白馬，馬也。

乘白馬，乘馬也。

前面的命題是所比之辭，後面的命題是能比之辭。如果「白馬，馬也」這個命題為眞的話，那麼我們根據這個命題，進行推比而得到的命題，「乘白馬，乘馬也」也是眞的。可見墨家的侔，主要是用來推論的，而這種推論的基礎是基於語法形式，或邏輯形式的類比。底下這個例子，也是屬於比辭俱行的侔的論證形式：

(1)少見墨曰黑，多見黑曰白，此人必不知白黑之辨。

(2)少嘗苦曰苦，多嘗苦曰甘，此人必不知甘苦之辨。

(3)少為非曰不義，多為非曰義，此人必不知義與不義之辨。

墨家還有一種類比的推論形式，那就是援了，所謂援是——「援也者，子然，我奚獨不可以為然也。」

援的推論形式是這樣的：如果你可以這樣說，那我為什麼不能這樣說呢？可見這是兩個人在辯論時所使用的一種論證形式。如果你認為你的論斷是對的，那麼我也可以利用你所據以為論斷的同樣的理由，或同樣的論式，來建立我自己的主張；如果你承認你自己的論斷，那麼你就不得不承認我的論斷。因為我們所據以論斷的理由或論式都是一樣的。這是一種很有力的辯論形式。

請看底下的例子：

「魏王謂鄭王曰：『始鄭梁一國也，已而別，今願復得鄭而合之梁。』鄭君患之，召羣臣而與之謀所以對魏。鄭公子謂鄭君曰：『此甚易也。君對魏曰，以鄭為故魏而可合也，則弊邑亦願得梁而合之鄭。』鄭王乃止。」（註八）

這就是援的論證形式，墨家當然也使用過援。比如底下這個例子就是：

「巫馬子謂子墨子曰：『子兼愛天下，未云利也；我不愛天下，未云賊也。功皆未至，子何獨自是而非我哉？』子墨子曰：『今有燎者於此，一人奉水，將灌之，一人摻火，將益之，功皆未至，子何貴於二人？』巫馬子曰：『我是彼奉水者之意，而非夫摻火者之意。』子墨子曰：『吾亦是吾意而非子之意也。』」（註九）

墨家這個例子，同時運用譬和援來進行論證。

墨家的辟侔援，都是屬於類比的論證形式，而其間的區別，主要的是它們所據以進行類比的根據不一樣。

辟所根據的類似性，是指事物與事物間性質的相類似，或事物關係上的相類似。而侔是指命題與命題間，形式的相類比，而援則是指，理由或論式的相類比。這三者的共同點，都是一種類比的方式，而其不同點，是三者都有自己特殊的領域。而它們的功能，也不完全一樣。辟的功能，主要在於說明和解釋，而侔則是一種直接推理。而援則大多用於辯論；辯論主要是要取得勝利，未必勝利就是眞理，因爲援所據以推論的理由，是以敵方的理由爲理由，以敵方的論式爲論式，敵方如反對你的理由，卽等於是否論自己的論斷，因此，它的辯論力量很強。但用這種方種來論證，所得的論斷，未必是眞的。

第六節 類比的謬誤

類比的方法，是一般人所常使用的思考方式；但根據類比所得的結論，未必十分可靠。因爲類比論證所得的結論，只有蓋然性，而沒有必然性。因此，在使用類比論證時，必須小心，才不致於發生謬誤。

在使用譬喻時，我們必須注意的是，在能譬與所譬之間，只是有某些相類似而已，並不是二者全相等，所謂「有以同而不率遂同」是也。如果甲等於乙，乙等於丙，那麼我們可以說甲等於丙。但是使用譬喻時，就不能連續使用，否則就會發生謬誤。例如：

「夫得言不可以不察，數傳而白爲黑，黑爲白。故狗似玃，玃似母猴，母猴似人，人之與狗則遠矣。」（註一〇）

這個譬喻之所以會發生謬誤，正是墨家所說的「行而異，轉而危，遠而失，流而離本」。相似性並不具備傳遞關係，如果連續使用譬喻，那麼會離題越來越遠。

有些譬喻，僅具文學的功能，談不上說明或解釋，更談不上論證的作用。比方孟子所說的：

人性之善也，猶水之就下也（註一一）。

這個譬喻沒有任何論證力量，也沒有說明的功能，主要是因爲人的性善，和水的就下，毫無類似性可言。孟子的意思，是要以水的必然就下，來證明人性必然是善的，但這個譬喻並沒有辦法達到這個目的。因爲我們也可以說：「人性之惡也，猶水之就下也。」因此，我們認爲孟子這個譬喻，只有文學的修飾或強調的功能而已。

「侔」也是一樣，它只是利用命題形式的類似性而已，其間也沒有什麼必然性可言，因此也很容易發生謬誤。

如果我們說「驪馬，馬也」，那麼根據「侔」的「比辭俱行」的方法，可以推出「乘驪馬，乘馬也」。

但是下面利用「侔」的推論方法，却由眞的前提，推出假的結論。

(1)盜，人也。

(2)多盜，多人也。

(3)無盜，無人也。

顯然的，第一個命題是眞的，但是根據第一個命題，用「侔」的推論方法，却產生假的結論。可見，「侔」的推論方法，並不一定十分可靠。因此，墨家告訴我們「侔之辭也，有所至而止」。使用時也要謹愼小心，才不至於發生謬誤。

另外一種「侔」的方式，如果所比之辭是恆眞式（tandology）的話，那麼能比之辭也一定是眞的。擧例來說明如下：

(1)P 或非P。

這是恆眞式的命題，因此我們用任何句子來取代P，所得到的命題，也是眞的。如：

(2)今天下雨或今天沒有下雨。

這個命題也是眞的。因此我們認爲，如果以恆眞式做爲「比辭俱行」的所比之辭的話，那麼得到的能比之辭，也是眞的。如：

(3)今天要上課或今天不要上課。

這個命題也是眞的，(2)和(3)都屬(1)的同一形式。像這類「比辭俱行」的形式，是可以從眞的前題得到眞的結論。

通常類比論證是介於文學與哲學間的論證方法，它往往是語意的強調，辯論的說服，文學的修飾，重於邏輯的論證；所以在論證上，缺乏必然性，而它之所以容易發生謬誤，主要是因爲類比論證僅僅是建立在類似性上而已。

第七節　結　語

在墨家的思想中，使用類比或譬喻的地方很多，這種思想的方式，東西皆有。西方的邏輯有類比論證，在印度的因明學中也有喻，在中國的墨家，不但使用類比，而且區分出類比的各種形式。當然，在中國的哲學家當中，不但墨家使用類比，即使是儒家道家法家，也同樣使用過類比論證。

例如孔子的「爲政以德，譬如北辰，居其所，而衆星拱之」。(註一二)孟子的：「仁則榮，不仁則辱。今惡辱而居不仁，是猶惡濕而居下也。」(註一三)至於莊子與惠子的「子非魚安知魚之樂」(註一四)的辯論，即是使用援的一種類比形式。在我們中國的古典著作中，使用譬喻或類比的地方，俯拾皆是，不管是在論語孟子或是韓非子莊子，我們都可以找到例子。

在墨家思想中，應用類比的地方，不管是說明或是論證，都用得非常巧妙，而且論證的力量，或是說服力都是很強的。而墨家把類比的形式，區分爲辟侔援三種形式，這是西方或印度所沒有的。可見這是墨家思想進步的地方，也足以證明墨家的論理思想，已經有了很好的成績。

註一　Carney & Scheer : Fundamentals of Logic P. 141

註二　陳大齊著，孟子的名理思想及其辯說實況，第七十五頁臺灣商務印書館，人人文庫。

註三　Carney & Scheer : Fundamentals of Logic P. 146。

註四　說苑。

註五　因明入正理論（天主）。

註六　墨子經上第七條。

註七　參看陳大齊著，名理論叢，臺北正中書局出版。

註八　韓非子，內儲說上。

註九　墨子耕柱。

註一〇　呂氏春秋察傳。

註一一　孟子告子。

註一二　論語爲政。

註一三　孟子公孫丑。

註一四　莊子秋水。

第七章　墨家的例證與反例的論證形式

第一節　引　言

墨家的思想，在表達或說明的時候，使用過種種不同的論證形式；在說明某些思想或觀念的時候，墨家最常用譬喻的方法，因爲這是兼有證明和說明兩種功能的論證形式。在現代邏輯中，還有另一種方法，來表達人類思想和觀念上的兩種重要功能——證明和說明，那就是例證和反例的方法了。

例證的方法，主要是從現代邏輯中解釋（interpretation）的觀念導引出來的。解釋和例證，在觀念上，以及使用上，有某些相似的地方，但也有很大的不同。解釋和例證，同樣可以用做證明之用，但例證還兼有說明的功能。

例證和反例，從表面上看起來，一個是從正面來證明，一個是從反面來反證，但是它們的論證方法和論證精神，完全是一致的。在本章裏，我們所要探討的問題，就是在墨家的思想中，是否使用例證的方法，來進行論證或說明。

當然，在探討墨家的例證與反例的論證形式之前，我們必須首先要瞭解邏輯上的例證與反例，具有何種意義，以及使用的方法如何？但是在瞭解例證與反例之前，我們最好對現代邏輯中的「解釋」觀念，先有一明晰的概念。否則，我們就無法闡釋墨家使用的例證與反例了。

第二節　解釋與個例

在現代邏輯中，解釋（interpretation）是一個重要的觀念，往往在推演方法無法發生效力的時候，解釋的方法，具有很大的功能。我們可以利用量化推演的方法，從某一表式，是否能演繹出一個矛盾式的方法，來證明某論式之是否有效，以及檢驗某表式之是否爲恆眞式。但是如果從某一表式，無法演繹出矛盾式時，並不保證該表式必不可能演繹出一個矛盾式，因爲也許是我們的演繹技巧不夠（註一）。因此，我們可以說，凡是具有矛盾量化形式的語句，必是矛盾語句；而不具矛盾量化形式的語句，不一定就不是矛盾語句。如果某語句不是矛盾語句，則等於說，具有此一形式的某些語句爲眞，只要我們找出一個具有此一形式的語句爲眞，那等於說該語句不是矛盾語句。在這種地方，解釋的方法就具有很大的功能。

譬如下面這個句子：

⑴有些百萬富翁是赤貧的。

表面上，這是一個矛盾語句，可是它的形式：

⑵ (Ex) (mx & px)

並不是一個矛盾量化形式。何以故呢？只要我們對⑵這個語式，找到一個眞的解釋，那麼⑵這個語式，就不是矛盾量化式。

如果我們把解釋範域 (Domain of interpretation) 定爲人類，把M解釋爲女人，把P解釋爲尼姑，而把⑵這個語式解釋爲下面這個式子：

⑶有些女人是尼姑。

顯然的，這是一個眞的語句。既然可找到一個眞的語句，那麼我們就可斷言⑵並不是一個矛盾量化式。

同時，我們用解釋的方法，也可證明一個論證的無效。如果我們能替一個論證的形式，重新做解釋，而使前提爲眞，結論爲假，那麼這個論證是無效的。

另外，解釋的方法還有許多功能。比方，我們可以經由解釋的方法，證明某兩個量化語句不等值。也可以用解釋的方法，來證明一組前提之一致。如果我們能同時替一組前提找到一個眞的解釋，則那一組前提是一致的。也可以用來證明某一前提獨立於其他的前提，如果我們能找到一種解釋，使該前提眞，而其他前提假，該前提假而其他前提眞，那麼該前提是獨立於其他前提的。

在進行解釋的時候，我們只是將述詞的意義重新解釋，而不應做全稱個例取代，或存在個例取代原表式中的量化符號，可是當我們要顯示某一個含有全稱量化號的解釋語句爲假時，應用全稱個例取代是很有幫助的，而要顯示一個含有存在量化號的解釋語句爲眞時，最直接簡便的方法，便是指出解釋範域中的某分子，足以滿足該語句，換言之，以解釋範域內的某分子，取代該解釋語的存在量化號後，所得出的語句爲眞。

譬如底下的例子：

$(\exists x)\ Lx$

如果我們把解釋範域定爲1和3，而把 Lx 解釋爲 x=1。顯然的，經由這樣的解釋，上面這個句式是眞的，因爲我們可以從解釋範域中，找到一個個例 (example) 取代X後，可以得到一個眞的語句。像這樣指出解釋範域中的某分子，能夠滿足該語句，而證實該語句是眞的方法，那是例證 (proof by example)) 的方法。當我們以個例來取代存在量化號時，它已經超出解釋的範圍了，而變成一種例證了。

讓我們再看底下的句式：

$(x)(x>1\rightarrow x>3)$

如果我們把解釋範域定爲正整數，那麼上面這個句式要眞的話，必須所有解釋範域中的個例，取代X後，皆能得出一個眞的語句。但是如果要證明它假的話，只要我們找出一個例，取代X後，得到一個假的句子，那麼該語句就是假的。比方我們以2來取代上面這個句式中的X，則可得到這樣的式子：

$$2>1\rightarrow 2>3$$

顯然的，這個式子是假的。

像這樣以個例取代後的句子，我們只能說是爲顯示解釋語句的眞假的補助語句（auxiliary sentence）而已（註二），爲了判斷解釋語句的眞假，我們可以這樣做。因爲它已超出解釋的範圍，而形成一種例證。像上面這個例子，就是用一個例子來證明一個全稱語句是假的，那個例子我們稱爲反例（counter-examples）。一般所謂反例，就是拿例子來否證（disprove）一個全稱語句，所謂否證，就是證明一句話是假的。

第三節　例證與例示

通常我們所說的例子，是指某一個論域裏的元素。如果我們把人類當做我們討論的範域時，那麼不管張三李四、或是趙五王六，都是這個論域中的一個個例。如果我們說某個論域，具有某種性質，那麼這個論域中的每一個份子，都必須具有這種性質。如果我們說「所有臺大的學生都帶眼鏡」，它的意思是所有臺大的學生，都具有帶眼鏡這種性質；換句話說，如果臺大的學生眞的每個人都帶眼鏡，那麼這句話是眞的；如果有一人沒帶眼鏡，那麼這句話便是假的。一個命題的眞假，被它論域中的每個份子所決定；因此，我們可以用個例，來證明一個命題或論證是否有效。所謂例證，就是用例子來證明的方法。

雖然例證是一種很簡便的證明方法，但是在使用上，也受到很多限制，在某些地方，是無法使用例證的。如果我們所斷說的是偏稱語句，比方「有些臺大的學生帶近視眼鏡」，這是偏稱語句，只要我們能擧出一個臺大的學生帶近視眼鏡，那麼這句話就可成立。如果我們說「只有彰化人養牛」，這是全稱命題，等於說「所有養牛的都是彰化人」，因此，我們單單列擧出彰化人養牛，並不能證實這句話的成立，還必須證明除了彰化人以外的人，沒有人養牛，這句話才算成立，因此，例證的方法無法適用在獨稱語句。如果我們說「臺大的學生趙五和王六考試做弊」，這句話是特稱語句，要證實它是眞的時，我們必須例擧臺大的學生趙五和王六，而且他們考試做弊。如果我們說「所有臺北人都是臺灣人」，這是全稱語句，我們要證實它時，必須列出所有的臺北人，而他們都是臺灣人，而無一例外。像這類全稱語句，如果它的論域是有限的，那麼我們可以用例證的方法來證實它；如果它的論域是無限的，那麼例證的方法就無能爲力了。另外有一種情形，如果論域的數目是有限的，但是其數目不確定時，則無法拿例子來證實。通常的全稱語句，如果所斷說的是蓋然的眞或歸納性的語句，那麼我們可以拿例子來證明(註三)。

我們已經瞭解例證，是用來證實某些個命題的，那麼反例呢？反例就是拿例子來否證某些個命題的，通常反例都是用來否證全稱命題的。比方我們說「臺大的學生都帶眼鏡」，只要我們能舉出某個臺大的學生不帶眼鏡，那麼上面這個命題就被推翻了，而這個例子就叫反例。事實上，例證和反例在論證的精神上，都是一樣的；例證是以例子來證實偏稱語句，而反例是以例子來否證全稱語句，等於是以例子來證實偏稱語句。反例實際上就是例證的一種。

另外還有一個觀念和例證相關連的，那就是例示了。所謂例示，就是拿例子來說明一個觀念或一句話。爲了要說明或解釋某些難懂的觀念，我們可以用例子來說明，幫助人們的瞭解。例示主要是用來說明的，而例證是用例子來證明某一句話，具體的例子也可以幫助我們瞭解該語句的意義，因此，例證除了有證明的功能外，還具有說明的功能。

關於例證或反例這些觀念，我們有了清楚的瞭解以後，我們就可根據這些觀念，來墨家的著作中尋找，看看墨家的思想，是否也應用例證或反例的方法，來證實或說明某些觀念。

第四節　墨家的例證與例示

現在讓我們來探討墨家如何使用例證。墨家主張兼愛，提倡兼愛，當時一般人以爲兼愛的理想固然很好，但是要實現兼愛的理想，實在太難了，就像挾泰山以超北海一樣。墨家認爲這類反對的意見，比喻得不恰當，因爲從古到現在，從來沒有人能夠挾泰山以超北海，但是古代的聖王已經實現過兼愛了。例如：

「古者禹之治天下，西爲西河漁竇，以泄渠孫皇之水；北爲防原泒注，后之邸，嘑池之竇，洒爲底柱，鑿爲龍門，以利燕代胡貉與西河之民；東方漏之陸防，孟諸之澤，灑爲九澮，以楗東土之水，以利冀州之民；南爲江漢淮汝東流之注，五湖之處，以利荆楚于越南夷之民；此言禹之事，吾今行兼矣。昔者文王之治西王，若日若月，乍光于四方，于西土，不爲大國侮小國，不爲衆庶侮鰥寡，不爲暴勢奪穡人黍稷狗彘。天屑臨文王慈，是以老而無子者，有所得終其壽，連獨無兄弟者，有所雜於生人之間，少失其父母者，有所放依而長，此文王之事，則吾今行兼矣。昔者武王將事泰山隧，傳曰：有道曾孫，周武有事，大事旣獲，仁人尙作，以祗商夏，蠻夷醜貉。雖有周親，不若仁人，萬方有罪，維予一人。此言武王之事，吾今行兼矣。」（註四）

在這裏，墨家提出夏禹，周文王和周武王的事跡，做爲例證，來證明「有人實現過兼愛」這個偏稱命題，而認爲實現兼愛，並沒有什麼困難。

墨家在論證鬼神的有無時，曾經提出一個判斷的準則，那就是可以看到的可以聽到的就是有，不能看到不能聽見的就是無，因此，墨家採用例證的方法，來證明鬼神的存在。就是以古人曾經見到鬼神的事實，做爲例證，來證實鬼神的確是存在的。例如：

(1)周宣王殺其臣杜伯的故事。杜伯無辜被殺，三年後，周宣王在打獵時，杜伯駕著白馬素車，穿著朱紅色的衣服，戴著紅色的帽子，拿著紅色的弓，挾著紅色的箭，突然出現，追趕周宣王，周宣王被射死。

⑵秦穆公曾經在廟裏，看見一個神人從外面進來，人面鳥身，穿著素色的衣服，滾著黑色的邊，臉是方方的。

⑶燕簡公無罪殺莊子儀，不出三年，燕簡公在田臘時，莊子儀突然出現，結果燕簡公被打死（註五）。

墨家主要是要用這些鬼神出現的事例，來證實鬼神的存在。鬼神是存在的，這是存在命題，用例證來證明是有效的。

墨家也主張節葬，因此制定葬埋之法，「棺三寸，足以朽體；衣衾三領，足以覆惡；以及其葬也，下毋及泉，上毋通臭，壟若參耕之畝，則止矣。死者既葬矣，生者必無久哭，而疾從事，人為其所能，以交相利也，此聖王之法也。」（註六）這樣簡單的葬埋之法，不只是墨家自己規定的，並且是古代的聖王就這樣實行的，為了要證實這是聖王之法，墨家也是使用例證的方法。例如：

⑴堯往北方，要去教化八狄，死在半路，葬在蛩山的北面，只有三條衣被，棺材是楮木做的，上面不堆土做墳，葬埋既畢，牛馬照常往來其上。

⑵舜往西方，去教化七戎，死在半路上，葬在南已的市上，也是簡單埋葬。

⑶禹往東方去教化淮夷的民族，死在半路上，葬在會稽山上，棺材是桐木做的，只有三寸

厚，深不及泉，也是簡單之至(註七)。

以上是古代聖王無厚葬無久喪的三個例證。因爲墨家主張節葬，也是歸納性的判斷，用例證來證明當然是有效的。同時，這些例證也帶有例示的意義，墨家提倡的葬埋之法，也許當時有人不瞭解，於是墨家以堯舜等的實際例子，來加以解說，從實際的例子，也許更能使人瞭解和信從墨家的葬埋之法。

如果我們從三表法的觀點來看，那麼這些例證，也是屬於三表法中的第一表，即本之於古者聖王之事。凡是存在命題，都可以用例證來證實，而三表法也是歸納性的判斷，因此，三表法也帶有濃厚的例證的意義。就像我們上面所擧出墨家證明鬼神的例證，即是三表法中的第二表，原察百姓耳目之實。

第五節　墨家的反例

本來例證和反例，在論證的精神上是完全一樣的，反例都可化爲例證；反例大都是在論駁的時候使用。在墨家的思想中，使用例證的地方很多，使用反例的地方較少，底下我們擧出一個例子，來加以分析。

『公孟子戴章甫，搢忽，儒服，而以見子墨子曰：『君子服然後行乎？其行然後服乎？』子墨子曰：『行不在服。』公孟子曰：『何以知其然也。』子墨子曰：『昔者齊桓公，高冠博帶，金劍木盾，以治其國，其國治。昔者晉文公，大布之衣，牂羊之裘，韋以帶劍，以治其國，其國治。昔者楚莊王，鮮冠組纓，縫衣博袍，以治其國，其國治。昔者越王勾踐，剪髮文身，以治其國，其國治。此四君者，其服不同，其行猶一也，習以是知行之不在服也。』（註八）

有一次公孟子大模大樣的，戴著殷制的冠帽，執著朝笏版，穿著儒生的衣服，去見墨子說：「君子人是先注重服飾然後再注重行事呢？還是先注重行事，然後才顧及服飾呢？」墨子說：「君子所重的在於行事，不在於服裝。」因爲服飾和行事之間沒有必然的關係。從這段話的意思看來，公孟子的意思是儒服儒行，行事與服飾間有關係，但是墨子認爲行不在服，行事與服飾間沒有必然的關係。何以故呢？在這裏墨子也是用例證的方法，舉出齊桓公，晉文公，楚莊王，越王勾踐的例子，他們四者之間的服飾完全不一樣，但是照樣把國家治理得很好；在這裏墨子是以此四者做反例，來反駁公孟子的儒服儒行。但是我們也可從另一方面來看，也等於是以此四者做爲例證，來證實墨子他自己的意見，行不在服，行事與服飾之間沒有必然的關係。

另外，我們還可再舉一個墨家反例的例子。

「公孟子曰：『君子必古言服，然後仁。』子墨子曰：『昔者商王紂，卿士費仲，爲天下之暴人，箕子微子，爲天下之聖人，此同言，而或仁或不仁也。周公旦爲天下之聖人，關叔爲天下之暴人，此同服，或仁或不仁，然則不在古服與古言矣。且子法周而未法夏也，子之古非古也。』（註九）

公孟子認爲君子人必須講古代的言語，穿古代的衣服，然後才稱得起是仁義。但是墨子却不以爲然，有些人雖然說同樣的話，但是有的是仁人，有的不是仁人；有些人都是穿同樣的衣服，但有的算得上是仁人，有的算不上是仁人；可見言語飾服與行爲是否仁義之間，並沒有必然的關係。何以故呢？在這裏，墨子也是使用例證的方法。

墨子舉出商紂、微子、箕子、周公等人的事蹟，做爲例子，他們之間，有的是同言，有的是同服，但是他們的行爲，却有仁有不仁。如果是針對公孟子的古言服然後仁的觀點，那麼墨子舉出的這些例子，是反例，用以辯駁公孟子的。但是如果我們從墨子的立場來看，墨子所舉出的這些例子，是例證，用以證實墨子的觀點，指出古言古服與仁或不仁之間，沒有必然的關係。

在墨經中也論到反例：

經　止同以別。

說　彼舉然者，以爲此其然也，則舉不然者而問之（註一〇）。

這裏所說的同卽是邏輯的全稱命題，別卽是特稱命題，或是個例。如果我們想推翻一個全稱命題，只要我們能舉出一個反例就可以了。

從以上這幾個例子，我們可以淸楚的知道，反例可以化爲例證，因爲墨家的例證，幾乎都是用來證明某些觀念的，如果從正面的論證來說，它是例證，如果從反面來說，用來辯駁對方的例子，通常是反例。事實上，在論證上，例證和反例都是同一回事。

第六節　結語

例證這個觀念，從古到現在，一直是普遍地被人們應用著的，卽使是在現代邏輯中的解釋觀念，也是使用例證的觀念。

由於例證在表達人類思想和觀念上，有證明和說明的二種重要的功能，所以在墨家思想中，也很愛用這種方法，對墨家的思想在傳播上有很大的幫助，因爲它具有能使人信從和瞭解的力量。

從本文的分析，我們知道墨家很有效地在使用例證的方法，而且墨家的例證，總是帶有例示的作用，在證明或說明某些觀念時，發生很大的作用。

墨家的例證往往是用來證明某個判斷或觀念，比方說，某事是什麼，或某某是某某，而不是一個命題，因此，墨家的例證，帶有濃厚的例示的意義。一個判斷也是很容易化爲命題的，比方要證明甲和乙之間沒有必然關係，我們可化爲「甲是乙」或「有些甲不是乙」這樣的命題。

墨家在使用例證或反例時，其論證力量是很大的，在說明的功能上，也發揮很大的作用。我們指出墨家在論證上也使用過例證和反例，主要是要證實，墨家的論證方法是多方面的，而且是古今中外都相通的。

註一　Stephen F. Barker : The elements of logic P. 168.

註二　Patrick Suppes : Introduction to logic P. 73.

註三　參考劉福增著，邏輯觀點，三十三頁，臺北水牛出版社，民國六十年二月再版。

註四　墨子兼愛中。

註五　墨子明鬼下。

註六　節葬下。

註七　參見墨子節葬下。

註八　墨子公孟。

註九　墨子公孟。

註一〇　經上第九十九條，參見高亨著墨經校詮第一〇〇頁。臺北世界書局出版。

第八章 墨家的詭論與二難式

第一節 引言

遠在古希臘的辯士學派（Sophist），常常設計出許多辯論的方式，讓人感到爲難，其中最有名的論證形式就是二難式（Dilemma）和詭論（Paradox）二種。辯士學派常用這種語言或思想圈套，使人陷入其中，不管是贊成或反對那一邊，都將感到困惑。

的確，二難式和詭論是一種使人感到爲難的論證形式，但是這種論證形式，並不是古希臘的辯士學派所專有，當我們讀到我們中國古代的墨家的著作時，很興奮的，我們發現先秦的墨家，也是利用二難式和詭論來進行論證。古希臘的辯士學派和中國的墨家，都曾經採用二難式和詭論來進行論證，但是由於當時空間的障礙，我們可以斷定二者並沒有受到互相影響，都是各自創造出來的。因此，在本章裏，我們想把西方的詭論與二難式，拿來和墨家比較研究，看看墨家的詭論和二難式，是不是和西方具有同樣的形式，然後要進一步地來探討，何以墨家會有詭論和二難式。

現在我們特別提出來討論這兩種論證形式，主要是想證實，這類獨特的論證形式，並不是西方所獨有，我們中國古代的哲學家也曾經使用過，可見這是東西聖人，此心同此理同的智慧結晶。

第二節 二難式的論證形式

爲了要瞭解二難式的論證形式，我們可以先從一個例子，來加以研究。在古代希臘的辯士勃洛泰哥拉斯（Protagoras）和伊納塞拉斯（Enathlas）二人之間訂立了一個合同。合同中所規定的條件有三：第一、勃洛泰哥拉斯教伊納塞拉斯底法律；第二、畢業時，侵納塞拉斯須付束修底一半；第三、其餘的一半須於伊納塞拉斯第一次官司打勝時付清。可是，畢業後，伊納塞拉斯並未執行律師事務。勃洛泰哥拉斯等得不耐煩，就到法庭去控告伊納塞拉斯。他提出這樣的一個論證形式：

如果伊納塞拉斯勝訴，那麼依合同他得付債；

如果伊納塞拉斯敗訴，那麼依法庭他得付債；

伊納塞拉斯不是勝訴就是敗訴；

因此，伊納塞拉斯一定要付債。

這就是二難式，看到這樣的論證形式，的確是使人左右爲難。如果我們用符號來取代的話，那麼這個論證的形式，就會更清楚地顯示出來。它的論證構造是這樣的：

如果甲則乙；

如果丙則乙；

甲或丙；

因此，乙。

凡是具有這樣的形式，我們都稱之爲二難式；當然，二難式的形式是很多的，不過，最主要最基本的形式，我們可以把它區分爲四種：

第一種是簡單肯定前項的二難式，它的論證形式是這樣的：

如果甲則丙；

如果乙則丙；

甲或乙；

因此，丙。

這是我們在上面所擧出的例子的論證形式。

第二種是簡單否定後項的二難式，它的論證形式是這樣的：

如果甲則乙；
如果甲則丙；
非乙或非丙；
因此，非甲。

第三種是複合肯定前項的二難式，它的論證形式是這樣的：

如果甲則乙，
如果丙則丁，
甲或丙，
因此，乙或丁。

第四種是複合否定後項的二難式，它的論證形式是這樣的：

如果甲則乙，
如果丙則丁，
非乙或非丁，
因此，非甲或非丙（註一）。

從以上這些二難式的基本形式，我們可以看出，二難式是一種正確的推論形式；而且二難式，在基礎上，是由條件推論和選取推論二者複合起來而構成的，分析到最後，二者又可以完全化約爲選取推論。因此，從邏輯的觀點來說，它是正確的論證形式，但不是重要的論證形式；但是我們如果從辯論的觀點來看的話，它倒是一種很有力量的辯論方式。

在最講求論證的墨家思想裏面，是否也採用二難式來進行論證呢？是否符合上面我們所列舉的論證形式呢？請看底下的分析。

第三節　墨家的二難式

墨家信仰鬼神的存在，主張要人們祭祀，但是當時根本就有人懷疑鬼神的存在，當然談不上祭祀；因此，墨家就提出一個二難式，用二難式的論證方法，告訴人們，不管鬼神有沒有眞實的存在，只要你能夠去祭祀，那麼你就可得到好處。它的原文是這樣的：

「然而天下之陳物曰，先生者先死，若是則先死者，非父則母，非兄則姒也。今絜爲酒醴粢盛，以敬愼祭祀，若使鬼神誠有，是得其父母姒兄而飲食之也，豈非厚利哉？若使鬼神誠亡，是乃費其所爲酒醴粢盛之財耳。自夫費之特注之汙壑而棄之也。內者宗族，外者鄉里，皆得如具飲食之。雖使鬼神誠亡，此猶可以合驩聚衆，取親於鄉里。」（註二）

一些執無鬼神論者，以爲鬼神本來就是沒有的，何必發費賤財，去預備這些酒飯犧牲等祭品呢？因此，墨家提出這個論證，主要是要證明，人們的祭祀一點都不浪費，而且可得到好處。如果眞的有鬼神的存在，那麼人們的祭祀，不是等於和自己的兄長一起聚會嗎？人們的敬愼祭祀，不是可以得到鬼神的保佑嗎？這不是很有益處嗎？卽使鬼神不存在，那麼人們的祭祀，也並沒有把祭品丟在溝裏，相反地，還可以邀請鄉里鄰居來飲宴，這樣可以連絡鄉里的感情，不是也很好嗎？因此，從這個論證可以得到一個結論，那就是，不管鬼神是否存在，只要你去祭祀，那就是好的。

如果我們把這個論證，加以簡化，並且把它形式化，那麼它的論證形式，很清楚地就可顯示出來。

(1)如果鬼神是存在的，則人們的祭祀可以得到好處。

(2)如果鬼神不存在，則人們的祭祀也是可以得到好處。

(3)鬼神是存在的，或鬼神不存在。

(4)因此，人們的祭祀都可以得到好處。

如果我們再以符號來取代這個論證的推理內容的話，那麼這個推論的形式，就顯得更清楚了。

(1)如果甲則丙，

(2)如果乙則丙，

(3)甲或乙，

(4)因此，丙。

顯然的，墨家這個二難式，是屬於我們在第二節所列出的，二難式的四種基本形式的第一種，就是簡單肯定前項的二難式。

墨家這個二難式的二個假設，依我們的判斷，它是眞的，而且選取的前提是窮盡的，也就是說，鬼神不是存在的，就是不存在的，我們找不出第三種情形。這個論證已經符合了這二個條件，因此我們稱它爲實在的二難式（realistic dilemma）（註三）。

另外在墨經中，也有一條是應用二難式來進行論證的，我們先把它的原文錄在底下：

經　無窮不害兼，說在盈否。

說　無，南者有窮則可盡，無窮則不可盡。有窮無窮未可知，則可盡不可盡，亦未可知。人之盈之否未可智，而智人之可盡不可盡亦未可智，而必人之可盡愛也，誖。人若不盈無窮，則人有窮也，盡有窮無難。盈無窮，則無窮盡也，盡無窮無難（註四）。

墨家的兼愛觀念，演變到後來，不但要兼，而且要盡。也就是說，兼愛不只是一種平等的愛，而且要愛盡了所有的人類，才能算是兼愛；因此兼愛的觀念，已經有了盡愛的成分。當時反對墨家兼愛的人，就提出這樣的問題，如果人是無窮的話，那麼我們如何能愛呢？不能盡愛，當然不算是兼愛了。於是，墨家對這個駁難，提出了上面這個論證。

如果人是有窮的，那麼人人可盡愛；但是如果無窮的話，那就不能盡了。人到底是有窮或是無窮呢？這是個未知的問題，那麼可盡不可盡也是個未知的問題。於是墨家應用了一個巧妙的論證，不管人是有窮或是無窮，都是可盡的。墨家把「無窮」這個概念，當成像是一個容器樣的東西，如果把人裝到這個容器裏面去，而不盈「無窮」的話，那麼，人類當然是有限的，要盡愛有限的人，當然是沒困難的。如果把人都裝滿了「無窮」這個容器呢？那麼，既然「無窮」是可盡的，要盡「無窮」當然也是沒有困難的。因此，墨家認為「無窮不害兼」。事實上，墨家在這個論證裏面，已經否定了「無窮」這個概念了。

現在把這個論證加以簡化，檢查一下它的論證形式。

(1)如果人不盈「無窮」，則人有窮，盡有窮無難。
(2)如果人盈「無窮」，則「無窮」盡也，盡無窮無難。
(3)人盈「無窮」或人不盈無窮。
(4)因此，有窮可盡無窮亦可盡。

如果把它符號化，則這個論證是這樣的：

(1)如果A則C，
(2)如果B則D，
(3)A或B，
(4)因此，C或D。

這是複合肯定前項的二難式。在這個論證裏，它的選取前提是窮盡的，只有盈或不盈二種情形，找不出第三種情形，但是它的二個假設未必眞。第一個假設，如果人不盈「無窮」，那麼人是有窮的，這個假設，大家都可承認；但是第二個假設就會有爭論了。第二個假設是，如果人盈「無窮」，則「無窮」盡也，盡「無窮」無難。墨家以爲，如果人充滿了「無窮」的南方，那麼人當然是無窮的，「無窮」亦有時而盡（「無窮」被無窮的人所盡），盡「無窮」也就沒困難了。事實上，在這個假設裏，墨家已經把「無窮」有窮化了，根本不承認「無窮」這個概念的存在，否則「無窮」如何能盡？墨家所說的，無窮可盡，只不過是無窮與無窮兩個概念之相盡而已。因此，我們認爲這個假設是有爭論的餘地。

以上我們只是從墨家的著作中，找出二個實例來加以分析，以證實墨家也是利用二難式來進行論證的。

第四節　謊言者的詭論構造

詭論（Liar Paradox）這個辭端，在日常語言的使用上，有很多不同的意含。有一種詭論，是提出一個論證，用來支持一項假的或是荒謬的結論，人們有時明明知道它是假的，但是從論證看，却又像是眞，很難去辯駁。另外一種是故作驚奇之論，爲了要使人在情緒上感到驚訝，故意製造一種論證，而它的結論是眞的，但人們看到這樣的論證，可能會感到驚奇。但是，我們在這裏所要討論的詭論，並不是這兩種情形，而是由語言所造成的詭論。

如果有人說：「一切眞理是相對的。」那麼我們可以反問，他所說的這句話，到底是相對的還是絕對的。如果「一切眞理是相對的」是眞的，那麼，這句話本身豈不是成了絕對的。因爲，當我們說「一切眞理是相對的」這句話是眞的時，那麼，「一切眞理是相對的」這句話就不能是相對的；否則，如果「一切眞理是相對的」這句話也是相對的，那麼，我們所說的「一切眞理是相對的」便是一句假話。在這樣的一句假話中，便無法表示一切眞理是相對的這一眞話。如果「一切眞理是相對的」這句話不是相對的，那末「一切眞理是相對的」豈不是一句假話嗎？換句話說，如果我們肯定這命題，則會產生一個否定的結論，也就是會自相矛盾。它的形式是這樣的：

如果P，則非P。

像這樣的命題，不是很奇詭嗎？

現在我們還可以再擧一個例子，來說明詭論的產生。

如果我說：「我是在說慌。」那麼你聽到這句話將作何感想呢？是不是感到很爲難呢？的確，這個命題也是很奇詭的。因爲如果「我是在說慌」是眞的，那麼我的確是在說慌；旣然我是在說慌，那麼我說的當然是假話。因此，如果「我是在說慌」是眞的，那麼這句話便是假的；相反的，如果「我是在說慌」是假的，那麼這句話却又變成眞的了(註五)。它的形式是這樣的：

如果P，則非P。

如果非P，則P。

像這個例子，我們不但可以從眞推出假，而且還可從假推出眞。一個眞正的詭論，必須像這個例子，滿足這二個條件：卽由眞可以推出假，而且由假可以推出眞。

顯然的，詭論的結論是自相矛盾的，但是在邏輯裡面，自相矛盾的推論是極力要免除的。從邏輯的觀點來說，詭論的推論並不是正確的推論，但是一般沒有受過邏輯訓練的人，一定感到十分爲難，以爲詭論的推論也很有道理，但是何以從眞可以推出假，從假又可推出眞呢？這不是自相矛盾嗎？

何以會得到自相矛盾的結論呢？詭論之所以會產生，主要原因之一，乃是由於語言的自我指涉（Self-reference）所造成的；所謂語言之自我指涉，就是語言指謂它自己。換句話說，就是語言的層次沒有劃分清楚所造成的。沒有把對象語言（Object-language）和後設語言（Meta-language）分清楚的緣故。

如果我們把上面的例子，把它的層次區分開來，詭論是不會產生的。

(1)我是在說慌。

(2)「我是在說慌」。

(3)『「我是在說慌」』。

……

如果我是在說慌，我可以用⑴命題來表達這個狀態，但是如果我們提到⑴命題時，則必須用⑵命題來表達；提到⑵命題，須用⑶命題來表達。如此把語言的層次區分清楚。詭論的問題就可解決了。

在墨家的思想中，是否也有詭論的問題呢？這是我們在下一節所要討論的問題。

第五節　墨家的詭論

在墨經中，我們可以找到墨家的詭論。試看下面這個例子。

經　學之益也，說在誹者。

說　他以爲不知「學之無益也」，故告之也；是使智學「之無益也」，是教也。以學爲無益也教，詩（註六）。

戰國時有人以爲學是無益的，但是墨家反對此說，以爲學是有益的，而所持的理由是，反對者，也就是主張「學之無益」的人，是自相矛盾的，換句話說，如果有人提倡學無益之說，來反對別人的爲學，但是這種說法是否正確，只要就反對者之本身，即可斷定。何以故呢？一個提倡「學之無益」的人，以爲別人不知道學是無益的，因此他必須要告訴人家說：學是無益的，而使人家知道學是無益。當他告訴人家「學是無益」的時候，這卽是一種教學的行爲，而當他敎的時候，卽是要人家來學；旣然主張學是無益的，而又要人家來學，那不是自相矛盾嗎?

因此，如果我們肯定「學之無益」這個命題，那麼我們會得到否定的結果。換句話說，如果這個命題是眞的，則可推出這個命題是假。從眞的可以推出假的，這不是很奇詭嗎?但，這個例子還不算是眞正的詭論，因爲眞正的詭論，可以從眞推出假，也可從假推出眞。在墨家的思想中，是否也有滿足這二個條件的詭論呢?讓我們再分析底下這個例子。

經「以言爲盡誖」，誖。說在其言。

說 誖，不可也。之人之言可，是不誖；則是有可也。之人之言不可；以當，必不審(註七)。

如果有人說:「天下所有的話都是假的」，那麼這是不妥當的，因爲它是自相矛盾的。何以故呢?

如果「天下所有的話都是假的」這句話是眞的，那麼在天下至少有一句話是眞的，即「天下所有的話都是假的」這句話是眞的；旣然有一句話是眞的，那麼「天下所有的話都是假的」便是一句假話了。可見如果我們是肯定這句話，那又會變成否定這句話，也就是從眞的可以推出假的。

如果「天下所有的話都是假的」這句話是假的，那麼我們只能說「並不是天下所有的話都是假的」。而無法推出「天下所有的話都是假的」，是一句眞話。

根據我們的分析，上面這個例子，也只是能從眞推出假，而無法從假推出眞。

上面所擧的這二個例子，都是屬於同一型式的詭論。卽是屬於這一類型的：

如果P，則非P。

從這些例子，我們已經證實墨家有了詭論，嚴格說來，它是一種不完全的詭論。如果我們從墨家詭論的論證精神看來，它也是很接近歸謬法的（Reductio ad absurdum），歸謬法是先把結論的否定式當前提，如果能從那些前提導出矛盾式的話，那麼就可以證實原來的結論是正確的。而墨家不完全的詭論，是先肯定結論，然後如果能導出結論的否定式的話，那麼就可證實原來的結論是錯。因此我們可以把墨家不完全的詭論，當成一種歸謬法來看待。

墨家已經有了這種型式的詭論，雖然並沒有提出解決詭論的方法，但是在二千多年前就有這樣的成就，也是令人感到佩服的。因此，墨家何以會產生詭論，也是我們感興趣的。

第六節　墨家何以會有詭論

墨家的學說與儒家道家殊異，因此常常受到反對派的攻詰，特別是新墨家興起的時候，更是百家爭鳴，學術思想最活潑的時候，墨學者當然要與其他各家諸子，反復辯難；因此，墨家最講求「辯」。所謂「辯」，一方面是「自辯」，另一方面是「他辯」；「自辯」是指自己思想的推理論證，表現在墨家思想中的，是最講求論證，如果論證壁壘森嚴的話，那麼難者也就無從批駁了。「他辯」是指與難者的互相辯難。墨家的「辯」具有這二層意義。

在墨經中，有一條論「辯」的，它的原文是這樣的：

經 辯，爭彼也。辯勝，當也。

說 或謂之「牛」，或謂之「非牛」。是爭彼也。是不具勝；不俱勝，必或不當。不當若犬（註八）。

比方說，這邊有一隻動物，甲說這是牛，乙說這不是牛，二方各持不同的意見，於是發生辯論，而辯勝者才是正確的。從這一條，我們可以看出，墨家論辯時是一心一意求勝的，而依論理取勝的就是對。因此，墨家在與難者論辯的時候，不光是依靠一些原因或理由，而是重視邏輯的論證，一方面自己的論證謹嚴，使對方無法批駁；另一方面又指出對方的不合邏輯推論，而使對方無法還擊。這是墨家思想的一大特色。

而在辯論當中，二難式與詭論是最有力量的。二難式的論證形式，往往使人左右爲難，使辯者無以招架。像二難式這種論證形式，特別容易被人用來支持假的結論；雖然任何正當的論證形式皆可能，並且常常用來支持假結論，而二難式是最容易被濫用的（註九）。墨家在辯論上爲了求勝，而且辯勝了就代表是正確的，因此墨家當然會使用二難式這種有力的論證方法。

至於詭論也是有很大的說服力，因爲它能夠從人家的論題導出相反的結論，而使人陷入自相矛盾之中，而獲得不辯自勝。但是詭論與二難式不同，二難式在邏輯上，算是一種正確的論證形式，但是詭論在邏輯上是經不起分析的。

由於詭論的「論證力量」很強，在辯論中具有很大的說服力，而在講求論辯的墨家，爲了求得辯論的勝利，當然要利用詭論了。

因此，我們對墨家何以會有詭論，這樣的問題，提出二個假設。

第一假設，我們以爲最講求論證的墨家，已經發現了詭論，而且從邏輯上，也已經找出詭論何以會產生的原因了，但爲了求得辯論的勝利，所以採取這種說服力很強的詭論來攻擊別的學說。

第二個假設，我們以爲墨家只是從命題的演算，找到了詭論這種論證形式，並沒有自覺地注意到語言層次的問題。換句話說，墨家還不知道如何解決詭論的問題。

在上面這二個假設當中，第二個假設可能比較接近事實，因爲在我們所能找到的資料，只能證實墨家有詭論。

第七節 結語

在本章裡，我們主要是根據西方的邏輯思想，發現在墨家的思想當中，也有和西方的二難式和詭論的論證形式一模一樣的。在西方，希臘時代就有了，在我們中國先秦時代的墨家也有了，可見東西哲人的心靈是沒有什麼差異的，人類的思想，都是依一定的軌跡在進行的。

在我們中國，這類的論證，也是彼彼皆是。比方在論語中，有這樣的一段話：

子夏之門人問交於子張。子張曰：「子夏云何？」對曰：「子夏曰：可者與之，其不可者拒之。」子張曰：「異乎吾所聞。君子尊賢而容衆，嘉善而矜不能。我之大賢歟？於人何所不容？我之不賢歟？人將拒我，如之何其拒人也？」

這一段話，有這樣的一個二難式，其形式如下：

我之大賢與？於人何所不容。

我之不賢與？人將拒我，如之何其人。

我之大賢與？或不賢與。

於人何所不容？如之何其拒人。

在文學作品中，也有這種形式。如：

「嗟夫！予嘗求古人之心，或異二者之爲何哉？不以物喜，不以已悲。居廟堂之高，則憂其民；處江湖之遠，則憂其君。是進亦憂，退亦憂也。」（註一〇）

我們也可把這段的論證形式，列述如下：

⑴居廟堂之高，則憂其民。

⑵處江湖之遠，則憂其君。

⑶居廟堂之高或處江湖之遠。

⑷憂其民乎？憂其君乎？（進亦憂，退亦憂）

可見，這也是屬於二難式的論證形式。在古典著作中，不只是墨子，就是論語、孟子、莊子等書中，也都有二難式的論證形式。可見東西的思想方法是沒有多大的差異的。

註一　殷海光著，邏輯新引第五十五頁，亞洲出版社出版。

註二　墨子明鬼下。

註三　Carney & Scheer : Fundamentals of Logic P.166.

註四　墨子經下第七十三條。

註五　Carney & Scheer : Fundamentals of Logic P.178.

註六　墨子經下第七十七條。

註七　墨子經下第七十一條。

註八　墨子經下第七十四條。

註九　Marx Black :Critical thinking 第六章。

註一〇　論語子張篇。

註一一　范仲淹著，岳陽樓記。

第九章 墨家的三段論式與因明五支式

第一節 引言

在中國哲學中，邏輯思想並不佔很重要的地位，不像西方，特別是近代，邏輯簡直佔據了思想的主流；雖然邏輯在中國不受重視，但人類原始的思想型態，思考方法，並不因東西方而有所不同，換句話說，在古代中國雖然不知有邏輯這回事，但所據以進行思想論證的方法，和西方並沒有多大的差異。就像一個人並不知道他肚子裏面有一個胃，可以消化食物，但只要他吃下食物，胃就會把食物消化掉一樣，雖然我們並不知有邏輯這一回事的存在，但我們的思想也往往是合乎邏輯的。

在諸子當中，墨家最富於論證，我們已指出墨家有三表法，譬喻類比論證，二難式與詭論，還有例證與反例。在本章裏，我們還要以西方邏輯傳統的三段論式，和印度的三支式或五支式為準，來探究墨家的思想中，除了以上我們已探究過的論證外，是否也有符合西方和印度的推理形式。如此，我們也可以證實，東西方在思想方法上，原是沒有多大差異的。

印度的因明學，三支式是從五支式演變簡化而來的，我們可以這種形式，來印證墨家的思想形式；而西方的邏輯，我們不僅僅提出三段論式，而盡可能地，只要是演繹邏輯所能處理的，我們都將提出來討論。

第二節　墨家的三段論式

在墨家思想的論證形式當中，也有許多地方是屬於三段式的論證形式，但墨家的三段論式，和西方邏輯的三段論式，未必完全一樣。讓我們用底下的實例，來加以分析。

「何以知天之欲義而惡不義，曰：天下有義則生，無義則死；有義則富，無義則貧；有義則治，無義則亂；然則天欲其生，而惡其死，欲其富而惡其貧；欲其治而惡其亂；此我所以知天欲義而惡不義也。」(註一)

墨子的這段話，具有如下的一種形式。

大前題——天下有義則生，無義則死；有義則富，無義則貧；有義則治，無義則亂。

小前提——天欲其生而惡其死，欲其富而惡其貧，欲其治而惡其亂。

結論——因此，可知天是欲義而惡不義。

如果我們再把這個論證加以簡化，我們就可更清楚地瞭解這個論證的結構。

大前提——天下有義則治，無義則亂。

小前提——天欲其治而惡其亂。

結論——因此可知，天欲義而惡不義。

在墨家思想中，類似這樣的論證形式，有很多，底下我們再舉出一個例子：

「義不從愚且賤者出，必自貴且知者出，……然則孰爲貴，孰爲知，曰：天爲貴天爲知而已矣；然則義果自天出矣。」（註二）

這段話具有底下的論證形式：

大前提——義必從貴者知者出，

小前提——天爲知者貴者而已，

結論——因此，義從天出。

現在我們也可以嘗試把此論證加以符號化

Fab＝a從b出

T＝知者

H＝貴者

$a = $義

$b = $天。

因此，第一前提

$(x)(Fax \rightarrow Tx \ \& \ Hx)$

第二前提——

$b = (\iota x)(Tx \ \& \ Hx)$

我們還須補充第三個前提，這是被省略的前提，

$(\exists x)\ Fax$ （就是肯定有天之所從出的）

因此，可以導出結論

Fab

義一定從貴且智者出，而只有天是貴且知者，因此義從天出，這個論證和西方的三段論式是相同的。這個論證的形式結構與底下的形式也很相似。

如果A是B，

而B等於C，

因此，A是C。

另外我們還可再舉一個例子。在墨經中我們也可找到三段論式的例子。例如：

大前提——假必非也而後假。

小前提——狗假虎也。

結論——狗非虎也。

這個論證在墨經中的原文是這樣的：

經：假必誖，說在不然。

說：假必非也而後假，狗假虎也，狗非虎也（註三）。

我們可以再應用符號邏輯的技巧，把本論證加以符號化。

$Fxy = x$ 假 y

$a =$ 狗

$b =$ 虎

因此第一前提是

$(x)(y)(Fxy \rightarrow x \neq y)$

第二前提是

Fab

結論是 $a \neq b$

墨經這個論證和西方邏輯的三段論式，是完全一樣的，比方底下的論證，即是西方邏輯的三段論式：

大前提——凡是人皆有死。

小前提——墨子是人。

結論——所以，墨子會死。

如果我們仔細去找的話，那麼我們一定可以發現，在墨家的著作中，很多地方是採用三段論式來進行論證的，雖然它的論證形式，有時和西方的三段論式不一樣，有時採取變式，有時採取省略式，有時省略前提，有時省略結論有時結論用反詰語等等，論證的形式並不很完整，但其基本的精神還是三段論式的。

比方非攻篇，我們在討論墨家的譬喻與類比論證時說過，這篇整篇是用類比的形式來論證的，也包括譬喻與侔辭等情形，它的結論，卽是採用反詰語，像這類情形，大多是用來加強語氣用的。如果我們仔細一點的話，我們也可發現非攻篇也有三段論式的痕跡。現在我們嘗試去蕪存菁地把它的論式列述於下：

大前提——凡是虧人愈多者，其不仁愈甚，天下之君子皆知而非之，謂之不義。

小前提——今至大爲攻國，則其虧人最多矣。

結論——因此，攻國是最不仁，最不義的事。

我們再把此論證加以符號化，來顯示它的論證結構

$Gxy = x$ 比 y 虧人多。

$Hxy = x$ 比 y 不仁（不義）

$a =$ 攻國，

因此第一前提是

$(x)(y)(Gxy \rightarrow Hxy)$

第二前提是

$(x)(x \neq a \rightarrow Gax)$

結論是

$(x)(x \neq a \rightarrow Gax)$

當然這個論證的結論，在原文是用反詰語的，不但毫無損害到它的論證力量，而且反而增加了它的說服力。

第三節　墨家的因明三支式與五支式

既然在墨家的思想中，有邏輯三段式的論證形式，那麼它是否也有符合因明的論證形式呢？這是值得我們探究的問題，如果在墨家的思想中，也發現因明的論式，那麼墨家的論理方法，可以說是很豐富的，因爲它不但有墨家本身獨特的論證方法，同時也包括了西洋的邏輯和印度的論理學。

所謂因明學，就是指印度的論理學，其目的就是在探究，當我們提出一個論旨的時候，我們有什麼原因或理由，而做如此的主張，以及那些原因或理由是否可靠，應當具有什麼條件等問題。在古代印度佛教，發展到無著世親時代，距佛陀時代已經很遠，在佛教與外教之間，難免有爭執辯論之事，因此在佛教徒之間，由於護法的實際需要，研究因明學的人甚多，而因明學也是用來與外道論駁之用的。後來到了陳那的時候，研究古因明學，發現其缺點很多，因而將古因明加以改良，而建立了新因明學，從陳那以後的因明學，就叫做新因明學。

實際上古因明和新因明之間，並沒有多大的差異，主要是從繁發展到簡，使論式更加精密而已。古因明所採取的論式是五支式，而新因明則把它簡化爲三支式。

現在我們把五支式和三支式的做法對照如下：

五支式：

宗：聲是無常，

因：是生法性（所作性）故，

喻：譬如瓶等。

合：如瓶等，聲亦如是，

結：生法性故聲無常。

三支式：

宗：聲是無常，

因：所作性（生法性）故，

喻：同喻——所作性者無常，如瓶等。

異喻——常在者非所作性，如虛空等。

從上面這個例子，我們可以得知，三支式是五支式的簡化，五支式的合與結，被含攝在三支式的喻中。底下我們將以三支式爲主，來探究墨家思想的論理方法，是否與因明的論式相合。

在墨家的思想中，我們可以發現，有五支式的論證形式，如下面這個例子卽是：

宗——天下亂，

因——起不相愛，

喻——如子不愛父，父不愛子；弟不愛兄，兄不愛弟等。

合——父子不相愛則父子亂，兄弟不相愛則兄弟亂等。

結——凡不相愛則天下亂（註四）。

我們再看墨子這段話，「所謂良寶者，爲其可以利也，而和氏之璧，隨侯之珠，三棘六異，不可以利人，是非天下之良寶也。今用義爲政，於國家必富，人民必衆，刑政必治，社稷必安。所謂貴良寶者，可以利民也，而義可以利人，故曰義天下之良寶也。」（註五）

這段話我們可以用因明三支式的形式，把它的論證結構敍述出來，雖然它的先後次序並不一樣。

宗——義是天下之良寶。

因——可以富國家，衆人民，治刑政，安社稷。

異喩——和氏之壁，隋侯之珠，三棘六異，不可以利人，非天下之良寶也。

在公孟篇也有一段話：「二三子復於子墨子曰：『告子勝爲仁』，子墨子曰：『未必然也，告子爲仁，譬猶跂以爲長，隱以爲廣，不可久也。』」，我們也可以用因明三支式，把它的論證結構指出來：

宗——「告子勝爲仁」，未必然也。

因——告子爲仁不可久也。

喩——譬猶跂以爲長，隱以爲廣。

在天志篇我們也可發現三支式的結構，雖然較爲繁雜，但是，只要把握論證的結構，也不難看出它的論證形式，現在我們嘗試把它簡化，指出它的論證形式：

宗——天之意，兼而愛之，不欲大國之攻小國，大家之亂小家也。

因——何以知天之兼愛天下，以其兼而有之。

喩——天之有天下也，無以異乎諸侯之有四境之內也，今諸侯有四境之內，豈欲其臣民之相爲不利哉，夫天之有天下也，無以異此（註六）。

同樣的，在墨經中，我們也是可以發現許許多多的因明三支式的論證形式。下面我們將舉出幾個例子做爲例證。

經下第四十五條：

經　損而不害，說在餘。

說　損，飽者去餘，適足，不害。能害，飽。若傷麋之無脾也。且有損而后智益者，若瘧病之止於瘧是也。

宗——損而不害，

因——說在餘，

喻——若飽者去餘；若瘧病之止於病也。

經上第三條：

經　知，材也。

說　知也者，所以知也，而不必知。若明。

宗——知，材也，

因——所以知也，而不必知，

喻——若明。

經上第一條：

經 故，所得而後成也。

說 小故，有之不必然，無之必不然。體也，若有端。大故，有之必然，若見之成也。

像這一條，可以分解爲三支式的二個論證。

宗——故，所得而後成也。

因——大故，有之必然。

喻——若見之成也。

宗——小故，有之不必然，無之必不然。

因——體也，

喻——若有端。

在墨經中，具有宗因喻這類形式的（註七），可以說是俯拾皆是，何以墨家的論理方法，和印度的因明學，會有某種程度的不謀而合呢？主要是因爲，墨家重視外在現象的考察，觀察所得，必有一結論，而墨家不但只求觀察，而且要探求原因，何以會有這種現象，造成這種結果的原因何在等等。求因，可以說是墨家思想的一個很主要的方法，由於墨家這種求因的態度，使他的思想方法，和印度的因明較爲接近。

第四節　結　語

在本章裏，我們主要是以西洋的三段論式和印度因明的三支式爲骨幹，來比較墨家的論理方法，當然，我們這樣做，也許會被許多人譏爲牽強附會，但我們這樣做的目的，並不在於證明墨家思想的偉大，我們想說明的只是要證實東西方在思想方法上，並沒有多大的差異。我們這樣附會的目的，並不是說墨家發明了邏輯或因明學，而是想證實在古代東西心靈無法交通的時代，人類心智的成果，有時是不謀而合的。

經過我們這樣比較的結果，在不重視邏輯的中國，其思想的方法仍然是合乎邏輯的。當然，在墨家的思想中，有些是合乎三段論式的，有些是合乎因明三支式的；當然，也有許多地方不盡相同的。

當然，在本章所做的比較，僅僅是形式的，粗淺的比較而已，我們並沒有做精細的分析，這只有留待來日的努力了。

註一　天志上。
註二　墨子天志中。

註三　墨經下第七條，依梁啓超先生校正。參考梁啓超著墨經校釋第六一頁，中華書局出版。

註四　請參見墨子兼愛上原文。

註五　墨子耕柱篇。

註六　請參見墨子天志中原文。

註七　此段因明形式，參考譚戒甫著，墨辯發微。

第十章　墨家素樸的歸納法

第一節　引　言

邏輯的論證方法，主要可以區分爲演繹和歸納二種；演繹的方法是以前提的眞，來保證結論一定眞；而歸納的方法，是用觀察的事實，以爲推理的根據。

西方在培根以前，論證的方法，都是採取三段論式，到了培根才開始建立歸納法。但是在我們中國，先秦的墨家已經開始使用歸納的方法來進行論證，而且在墨經中也已經討論到歸納法，企圖建立各種不同形式的歸納方法。可見在我們中國，歸納法的使用和建立，比西方早得很多，可惜後來沒有繼續研究發展，以致於使我們的科學方法停滯在原始狀態，毫無起色可言，和西方比起來，簡値是望塵莫及。

墨家思想論證的方法，可以說是多彩多姿的，我們已經發現過有許多不同的演繹形式。在本章裏，我們換另一個角度，從歸納法這個角度，來看墨家思想的論證形式，然後進一步分析墨家的歸納法。在墨家使用過的許多種論證形式中，有的僅僅使用過，而沒有加以討論，而在這裏我們所要討論的歸納法，不僅使用過歸納論證，而且討論過各種不同的歸納方法，可見歸納法在墨家的論理思想中，佔有很重要的地位。

第二節　墨家的歸納論證

在墨家的思想中，曾經使用過歸納的方法來進行論證，底下我們可以舉出一段，來做為例證。

「故昔者三代聖王，禹湯文武，方為政乎天下之時，曰：必務舉孝子而勸之事親，尊賢良之人，而教之為善。是故出政施教，賞善罰暴。且以為若此，則天下之亂也，將屬可得而治也；社稷之危也，將屬可得而定也。若以為不然，昔桀之所亂，湯治之；紂之所亂，武王治之。當此之時，世不渝而民不易，上變政而民改俗。存乎桀紂而天下亂，存乎湯武而天下治。天下之治也，湯武之力也；天下之亂也，桀紂之罪也。若以此觀之，夫安危治亂，存乎上之為政也，則夫豈可謂有命哉。」（註一）

墨家這段話是用來證明命運之不存在，而以為古人之所以相信命運，命運之說完全是古代的桀紂等暴王設計出來的，以爲天下之治亂，完全是命運註定的，並不是人爲的力量所能克服的，暴王是以命運之說來脫逃自己不努力政事的罪名。於是墨家採取比較同異的歸納方法，證實並沒有命運這回事，國家之治亂，完全繫乎爲政者之賢明與昏庸。

桀紂等暴王，治理天下時，驕奢暴虐，以致於弄得天下大亂；但是等到湯武治理天下，由於勤於政事，所以天下太平。在同樣的人民，同樣的土地的情況下，桀紂治天下時，天下大亂，而湯武治理天下時，則天下太平。可見桀紂之所以亂天下，是由於驕奢暴虐；而湯武之所以治天下，是由於勤於政事，並沒有命運這回事。墨家用比較同異的方法，而得到結論，如果我們再加以列舉分析，那就更清楚了。

桀紂暴王——（因）同樣的世界，同樣的土地，同樣的人民，驕奢暴虐，荒於政事。因此天下大亂，民不聊生（果）。但桀紂以爲天下大亂是命運註定的。

湯武聖王——（因）同樣的世界，同樣的土地，同樣的人民，勵精圖治，勤於政事。因此天下太平，國泰民安（果）。

從這兩個個例加以比較，卽可看出治亂的原因之所在。同因則同果，但是這二個個例的果不同，而其果之所以不同，是由於因中有同有異，因此因中不同之點，卽是造成果不同的原因。比方這個例子，因中相同之點是同樣的人民，同樣的土地，因中相異之點是，桀紂驕奢暴虐，而湯武勤於政事，結果產生的結果是一治一亂。從原因中同異的比較而探討出結果之所以不同的原因，從而斷定命運之說，完全是暴王的藉口，根本沒有所謂命運這回事。

根據這個例子，我們可以把比較同異歸納方法的形式列述出來。

甲 因──A、B、C、D、E。

果──X。

乙 因──A、B、C、D、F。

果──Y。

甲乙兩事件的果全異，而因中有同有異，因此我們可以比較因中之同異，而探討出果相異的原因。甲乙的因中同樣有A、B、C、D，而不同的是甲有E，而乙有F；以致於造成甲的果是X，而乙的果是Y，可見X的因是E，而Y的因是F。這就是比較同異的歸納方法。

第三節 墨家的歸納原理

墨家使用過同異比較的歸納方法，而且墨家所探討的，所企圖建立的歸納法，即是建立在同和異的比較上，但是同異的比較，必須以類為基礎，所謂「異類不比」是也。

經 異類不比，說在量(註二)。

說 木與夜孰長？智與粟孰多？爵、親、行、賈四者孰貴？麋與霍孰高？蚓與瑟孰悲？

不同類的事物不能相比，凡事物之同異相比，必依其類，否則標準不一，雖比而不能明其量。比方，木長屬空間，而夜長屬時間，不可相比，因不同類也。智多之量屬於心，而粟多屬於物，不可相比也。以此類推，凡不同的事物必不能互相比較。

既然不同類的事物，不能互相比較，因此墨家比較同異的歸納法，必定要建立在類的概念上了。那麼如何依類而建立歸納法呢？那就是要「以類取，以類予」(註三)了，也就是要依類舉例，依類斷言。底下我們將試舉一簡單枚舉歸納法來加以說明：

(1)這是一隻牛，牠是有角的。

(2)這也是一隻牛，牠也是有角的。

(3)這也是一隻牛，牠也是有角的。

(4)這也是一隻牛，牠也是有角的。

…………

因此，凡牛是有角的。

從這個簡單枚舉歸納法，我們可看出，當我們說這是牛，那是牛時，那是依類而舉例，在牛這一類中，舉出個例，說這是牛有角，那是牛也有角。而最後的結論，也是依類斷言，凡是屬於牛這一類的每一分子，都是有角的。

既然歸納的原理是建立在「以類取，以類予」的方法上，那麼如何依據這樣的方法，而進行推論呢？那就是所謂「推也者，以其所不取之，同於其所取者，予之也。是猶謂他者同也，吾豈

謂他者異也。」(註四)

這裏所說的推論方法，和「以類取，以類予」的原理是完全一樣的。我們可以再舉一個例子，加以說明如下：

(1)A是馬，A有尾巴。

(2)B是馬，B有尾巴。

(3)C是馬，C有尾巴。

(4)D是馬，D有尾巴。

……………

不論X爲何，若X是馬，則X也一定有尾巴。

在這個例子中，ABCD這些馬是我們所舉例的，牠們是有尾巴的。而X是我們所未取的，如果X也是馬的話，那麼X也是有尾巴的。這就是「以其所不取之，同於其所取者，予之也」，既然X和A同樣是馬，那麼我們怎能說A有尾巴，而X沒有尾巴吧？這就是所謂「他者同也，吾豈謂他者異也」。當我們觀察了某些個體的事物以後，知道它具有某些性質，那麼那些我們沒有觀察過的同類的事物，也必定具有那些性質。那些已觀察過的例子，便是「其所取者」，那些沒有觀察的事物，便是「其所未取者」，然後下斷語，說那些「所未取者」和「所取者」是相同的，這便是歸納法的一般法則(註五)。

第四節 同異之辨

歸納的基礎，是建立在類的關係上，但是在雜多的事物中，如何歸類，如何從紛陳的事物中，條理出普遍的原則呢？那就是首先要辨別同和異了。因此，在墨經中，有很多地方談到同異辨別的問題。

什麼是同呢？

經 同，異而俱於一也。

說 二人而俱見是楹也，若事君（註六）。

如果只有一件事情，或一個事物，當然就沒有所謂同異的問題，因此當我們說「同」時，必須二件事互相比較的結果，也就是說二個個物，有同一種性徵時，這才以做「同」。比方說甲乙二人，共同侍奉一君主，就甲乙兩人而言，那是兩個不同的個物，但就事君而言呢？那是相同的，這就是異中求同的方法。

至於「同」的種類有那些呢？如果我們從各種不同的方向，不同的角度，不同的觀點，來做異中求同，那麼我們又可分成許多不同的「同」。

經 同，重、體、合、類。

說 二分一實，重同也。不外於兼，體同也。俱處於室，合同也。有以同，類同也（註七）。

墨家把同的概念，分爲重同、體同、合同、類同四種，如果一個東西有兩個名字，那是重同，比方孫文和孫逸仙，即是重同。全體與部份，也是有相同的地方，例如人體和手脚，那是體同。同在一個房間裏面，也就是空間的相同，稱爲合同。白馬和黑馬是同類的事物，是類同。墨家把「同」的概念，區分成這四種，事實上並不完備；至少我們可以相對於二名一實之重同，再補上一名二實之名同，例如叫「張正雄」的人，可能不止一人，這是名同而實不同。另外還可相對於空間的合同，再補上時間的同，同在一房間裏面是一種同，同在某一時刻也是一種同。

同和異是相對的概念，有同就有異；既然我們可以在異中求同，當然也可在同中求異，這也是墨家的方法。例如甲乙是類同，同樣屬於馬類，但甲是白馬，而乙是黑馬，就馬類而言，牠們是相同的，但我們可以在同中求異，就顏色而言，牠們是相異的二匹馬。因此，相對於「同」的概念，墨家把「異」也區分成四種不同的情況。

經 異，二、不體、不合、不類。

說 二必異，二也。不連屬，不體也。不同所，不合也。不有同，不類也（註八）。

只要是二個個體，那麼它們就是不同的。如果沒有連屬關係，也就是沒有部份與全體的關係，那是不體之異。兩物不在同一空間，也就是說不同處於一所，那就是不合之異。如果兩物沒有相同之點，沒有相似的地方，那就是不類之異。

既然我們已經知道什麼是「同」，什麼是「異」了，那麼我們如何在不同的事物中，求得「

同」或「異」呢？墨家告訴我們要「同異交得，放有無」(註九)就是要我們在不同的事物中，比較看看有或沒有同一性徵，那就可以知道同或異了。

比方我們可以比較馬牛和人，我們發現馬有牙齒，牛有牙齒，而人也有牙齒，那麼就有牙齒這個性徵而言，是相同的。但如果就有尾巴這一性徵而言呢？馬牛是有尾巴的，而人沒有尾巴，那麼就尾巴這一性徵而言是相異的。

在辨別同異的時候，必須要在同一性徵上比較有無，否則無法達到區分同異的目的。

經　狂舉不可以知異，說在有不可。

說　牛與馬惟異，以牛有齒，馬有尾，說牛之非馬也不可，是俱有，不偏有，偏無有。曰「牛與馬不類」，用「牛有角」，「馬無角」；是類不同也。若舉牛有角，馬無角，以是爲類之不同也，是狂舉也。猶牛有齒，馬有尾(註一〇)。

如果我們用牛有牙齒，馬有尾巴來證明牛馬是不同的動物，那是無效的，因爲我們所列舉的性徵，必須是一方有而另一方沒有，才能證明牠們是不同的，但是牛馬同樣有牙齒，同樣有尾巴，在證明牛和馬是兩種不同的動物時不發生效用。同樣的，牛馬同屬於獸類，但我們如以牛有角，馬無角來證明牛馬是不同類時，也是不發生效用的。因爲有角並不是構成獸類的必要性徵，就像顏色不是構成馬類的必要性徵一樣，如果有人擧白馬和黑馬之顏色不同，而說白馬和黑馬不同類，同樣也是無效。像這些都是墨家所謂的「狂擧」。

第五節　比較同異的歸納法

墨家詳細地辨析同異之別，卽是企圖依比較同異而建立歸納法。萬事萬物，每個現象都有因有果，在各因或各果之間辨別同異，才能從各現象的因果關係中，探求出普遍的定律。墨家依比較同異，而建立的第一種方法是類同法，也就是異中求同的方法，讓我們先用簡單枚擧歸納法，來加以說明：

(1)牛是動物，牛會走路。
(2)馬是動物，馬會走路。
(3)兔子是動物，兔子會走路。
(4)猴子是動物，猴子會走路。
……………
(n)因此，凡是動物都會走路。

從這個簡單的歸納論證，我們可以看出這是利用異中求同的方法，而得到的歸納論證。在這個例子中，牛、馬、兔、猴都是不同的動物，但是在這些不同的動物之中，有一共同之點，卽是都會走路，因此得到「凡是動物都會走路」的結論。這就是異中求同的類同法。

在兼愛篇中，我們也可找到例證，例如「子自愛不愛父，故虧父而自利；弟自愛不愛兄，故虧兄而自利；臣自愛不愛君，故虧君而自利。」在這裏所擧的父子關係，兄弟關係，君臣關係，這三種關係雖然各不相同，但發生了一個共同的現象，就是自愛而不愛人，因此自愛不愛人，便是天下大亂的原因（註一一）。這個例子同樣是異中求同的類同法，也就是墨經所說的「法同則觀其同」（註一二）。

有些現象並非類同法所能探究的，因此還要再輔之以差異法。

經　法異則觀其宜。

說　取此擇彼，問故觀宜。以人之有黑者，有不黑者也，止黑人；與以有愛於人有不愛於人，止愛人，孰宜（註一三）？

兩種不同的現象，必須先加以比較，求得不同的原因在何處，才能探討出事物的因果關係。如果我們將一磁針懸在絲線上，而使之擺動，觀察之後，則知針之下置一銅片，則針之停止較無銅片時爲快。實驗時，除了一次有銅片，一次無銅片外，其他的情況都相同。經比較同異以後，就知道磁針下置銅片，是磁針停止擺動的原因。

墨子貴義篇有一段話說：「北之齊遇日者，日者曰：帝以今日殺黑龍於北方，而先生之色黑，不可以北。墨子不聽，遂北至淄水，不遂而反焉。日者曰：我謂先生不可以北。子墨子曰：南方之人不得北，北之人不得南，其色有黑者，有白者，何故皆不遂也。」這是墨子用比較差異法破除迷信的例子。固然墨子不能北上，但不能北上者，並非只有墨子，而是所有的人都不能北上。

把類同法和差異法混合起來使用，在墨經中叫做「同異交得」，其方法是「放有無」，就是比較有沒有同一的性徵。

至於我們在第二節中所列舉的歸納論證，那是屬於那一種方法呢？讓我們再把它的論證形式列舉出來：

甲　因——ABCDE。果——X。

乙　因——ABCDF。果——Y。

當然這個論證也是建立在類同法和差異法之上的，從它的形式，我們可以看出，因中的某一因素變時，果也跟著變，因中的E變成F時，果則由X變爲Y。因此我們把這個歸納法，當成共變法。但是在墨經中，對共變法並沒有加以討論或給予界說。

第六節　結語

從以上的分析，我們發現墨家企圖建立的歸納法，有差異法、類同法、同異交得等方法，都是建立在同異之辨，雖然其方法還是樸素的，但我們仍然認爲在科學方法的創造上有很大的貢獻。

墨家的歸納法，在經驗事實的辨析上，有很大的功用，所謂歸納法，與經驗現象的搜集有關，觀察經驗事實以後，要辨別同異關係，以求得其間是否有共同的原理，或從特殊的事物，推論出普遍的情形。當然墨家這種以比較同異爲特徵的歸納法，和現代的科學方法的概念是有某種程度的相符合，但由於古籍湮沒過久，斷簡殘篇，校堪不易，墨家這種原始的歸納概念，或許沒有完全被瞭解。這是我們研究古代的科學方法，特別是墨經這部份，感到最困難的事。

墨家的提出歸納法，遠在培根之前。這是由於墨家哲學本身就是注重經驗，講求實驗的，和具有科學精神，講求推論，因此在墨經中，有很多地方討論到光學和力學，幾何或物理學等，可見墨家是講求科學方法，並實地做實驗的。這當然是由於墨家哲學本身的講求科學方法的緣故，才使得墨家在科學方法的探究上，有很大的成績，也使得墨家在中國邏輯思想的發展上，佔著絕對重要的地位。

註一 墨子非命下，見孫詒讓著墨子閒詁第一七三頁，世界書局出版。

註二 經下第六條。參看高亨著墨經校詮，第一一六頁，世界書局出版。

註三 墨子小取。

註四 墨子小取。

註五 參考胡適著中國古代哲學史，卷二第七十一頁，臺灣商務印書館出版。

註六 經上第三九條，高亨著墨經校詮第五十一頁。

註七　經上第八六條，參見譚戒甫著墨辯發微第一一〇頁，臺北世界書局出版。

註八　經上第八十八條，高亨著墨經校詮第八十七頁。

註九　經上第八十九條，譚戒甫著墨辯發微第一一二頁。

註一〇　經下第六六條，參見高亨著墨經校詮第一八七頁。

註一一　參考張鐵君著，三民主義與儒墨正名思想第六十七頁，一九六七年三民主義研究所出版。

註一二　墨經上第九十四條。

註一三　經上第九十五條。

第十一章　墨家的辯學

第一節　引　言

我們已經探討過許多不同的墨家思想的論證形式，這些形式都是符合邏輯和因明的論式，但是我們發現在墨家的思想當中，不僅僅是不知不覺地在使用這些論式，而且自己已經形成了一套辯學思想。這類辯學思想，大都是表現在墨經和大小取，一般通稱爲墨辯這一部份，因此有人就把墨家的邏輯，稱爲墨辯。

在墨辯中，小取這一篇，完全是在敍述墨家的邏輯的，在本章裏，我們主要是以小取這篇爲研究的對象，來探討墨家的辯學，是什麼樣的型態，具有什麼樣的特色。過去研究墨家邏輯思想的學者，都特別注重這一部份；他們的意見也是衆說紛云，並沒有一致的看法，可見這篇是很難加以解說的。

也許是由於原文過於簡要吧！在短短不到二千字的短文中，要說明辯學的意義以及功用，辯學的原理以及方法，這麼多的問題，因此，一個重要的概念，也只用簡單的幾句話來介紹而已。由於它的文字過於簡要，以致於使後世的學者，在解釋上得不到一致的見解。有的引用邏輯因明的論式，來比附墨辯，這樣做也許可以幫助瞭解，但未必是墨辯的原意。因此，在探討時，我們參考前人的心得，盡量就墨辯來瞭解墨辯，也許這樣更能顯出墨辯的特性。

第二節　辯的界說與功用

通常把墨家的辯學比之於西方的邏輯和印度的因明，當然，做這樣的相比是有它的道理，不過我們要知道墨家的辯學是有它獨特的意義的。那麼墨家的辯學具有什麼樣的意義呢？在墨經中有明確的定義。

經　辯，爭彼也。辯勝，當也。

說　辯，或謂之牛，或謂之非牛，是爭彼也。是不俱當，必或不當，不當若犬（註一）。

墨家所說的辯，是指以言論爭論一命題。如果這裏有某一對象，甲說：「這是牛。」乙說：「這不是牛。」，同一對象却有兩種不同的斷說，於是爭論就產生了。如果論爭的對象果然是一隻牛，那麼甲說是牛，他的斷說是妥當的，辯論勝利的，他的斷說是妥當的。如果論爭的對象是犬，而甲以爲是牛，乙以爲是馬，那麼甲乙的斷說都是不妥當的。如果兩者的斷說都不妥當，那麼辯論就沒有勝利的了；辯論而沒有結論，這是不符合辯的要求的。墨經中還有一條是這樣說的：

經 謂辯無勝，必不當，說在辯。

說 所謂非同也，則異也。同則或謂之狗，其或謂之犬。異則或謂之牛，或謂之馬也。俱無勝，是不辯也。辯也者，或謂之是，或謂之非，當者勝也（註二）。

當辯論分不出勝負時，是因爲辯論是不妥當的，根據辯的定義，是要有勝有不勝的，斷說妥當的，則勝，斷說不妥當的，則不勝。如果雙方都不勝，那麼一定是雙方的斷說都不妥當，如果這裏有某一對象，甲以爲是狗，而乙以爲是犬，不管那對象是否眞的是狗，都不會產生論爭的。如果某對象眞的是一隻狗，那麼雙方的論斷都是妥當的，當然引不起爭辯。如果某對象是一隻牛，那麼甲乙兩方的斷說都是不妥當，兩者都不正確，當然也無辯，也沒有所謂勝不勝了。如果這裏有一隻馬，甲以爲是牛，而乙以爲是馬，這樣論辯就產生了，而乙的論斷是妥當的，甲的論斷是不妥當的，因此乙是勝的。但是，如果這裏有一隻狗，而甲以爲是牛，乙以爲是馬，這樣的論辯也是會產生的，但是因爲雙方的斷說都是不妥當的，雙方都得不到勝利，這樣辯了也等於是沒辯一樣。

根據墨經的界說，辯是由於爭論一個命辭而產生的，由斷說某個命題是眞的，或是假的；是這樣，或不是這樣而引起的，凡是斷說正確妥當的，那就是勝利的。

既然辯是在爭論某個命題或對象，那麼什麼樣的命題才構成論爭的對象呢？所謂辯是爭彼，那麼什麼是彼呢？墨經說：

經 彼，不可兩也。

說 兕牛，樞非牛，兩也，無以非也（註三）。

所謂彼，是指爭辯的命題，爭辯時須爭同一命題，不能爭不同的命題，否則雙方談論不同的事情，根本就沒有論爭可言。比方說甲以爲兕是牛，而乙則說樞不是牛，雙方所斷說的是二種不同的動物，因此也就不會產生爭辯了。

爭辯的命題，除了不能是二個不同的命題外，還要具備一種性質，那就是不能同時是眞又是假。如果一個命題同時是眞又是假，那麼這個命題違背了矛盾律，因此也沒有爭辯的餘地。所謂「彼，不可兩也。」應該也有這層意義，但在經說中，並沒有加以解明。

根據辯的界說，我們知道墨家的辯學，一方面是用來自辯的，是個人的思考方法，是邏輯的推理；另一方面是用來與他人爭辯的，我們稱爲「他辯」，爲了獲得眞理，爲了瞭解事實的眞相，必須與他人爭辯，這是墨家辯學的二種用途。接着我們還必須知道墨家的辯學，具有什麼功用，它的作用何在，否則我們也無法瞭解墨家辯學的性質。

（註四）「夫辯者，將以明是非之分，審治亂之紀，明同異之處，察名實之理，處利害，決嫌疑。」

這是辯學的六種功用，從這六種功用，我們也可看出，爭辯是產生在是非不明，善惡不分的時候，而辯的功用正是要給人們在思想上，有一明確的概念，什麼是是什麼是非；何者善何者惡，如何是利，如何是害，都要有一明晰的概念。自辯時，是要使思想清楚，概念明晰，整個墨家的學說，都是自辯的結果。他辯時，是要使對方，得到清楚的概念，因此在墨子書中，也有很多批評儒家和道家的地方。

既然已經知道，墨家的辯學，有如此重要的功用，那麼我們還要進一步探討，它是根據什麼樣的原理，來進行自辯或他辯。

第三節　辯的原理與方法

墨家的辯學，不管是用於自辯或是他辯，都是要求得正確的知識，而墨家把知識分為聞知、說知、親知等三種（註五），其中聞知是由傳聞得來的知識，確實性較低，因此對這類知識也較不重視。所以墨家把辯學的原理建立在親知和說知之上，所謂「摹略萬物之然，論求羣言之比」（註六）是也。

摹略萬物之然，是指我們的感官直接摹略萬物之自然現象，是指我們對於外在現象的親證知識。如果有人告訴你花園有一朵紅玫瑰，而你却不知道什麼是紅的顏色時，儘管他跟你解釋了半天，到底什麼樣的顏色是紅的，你仍然無法瞭解，但是，只要他帶你到花園去看那朵紅玫瑰時，自然就不言而喻了。親證的知識，在知識上佔有重要的地位，而墨家也特別重視這種親知。

論求羣言之比，這是指從現有的知識，推知未知的知識，或解明隱含的概念。這是指從推論得來的知識。如果有人告訴你彰化在臺北的南方，高雄在彰化的南方，那麼你馬上可以知道高雄是在臺北的南方。這是從推論得來的知識，由於親證的知識是非常有限的，所以除了親知之外，還要有說知。

墨家的辯學是建立在親知和說知這三個基本原理之上的，否則辯學是無法發揮它的功用的。

至於辯學要用什麼方法來展開呢？

小取篇以爲要「以名舉實，以辭抒意，以說出故，以類取，以類予。」

什麼是「以名舉實」呢？經上第三十一條說：

經：舉，擬實也。

說：舉，告，以之名舉彼實也。

如果這裏有一隻牛，那麼我們可以用「牛」這個名來指謂現實界的那一隻牛，用名來指謂實，就是以名舉實，「所以謂，名也；所謂，實也。」（註七）名實要相符合，以名舉實，是指概念的形成，而概念是人類思考最基本的一個要素，如果沒有概念，那麼我們將無法進行思考推論。

有了概念以後，就可經由概念與概念的結合而表達人類心中的意念，比方說，牛是刻苦的動物，這是由「牛」和「刻苦的動物」這兩個概念結合成一個判斷（Judgment），而判斷用語言文字表達出了，就是命辭（Proposition），如「牛是刻苦的動物」即是一個命題。所謂「以辭抒意」，就是用命辭來表達心中的意念或判斷。

有了命辭以後，我們還須給以理由根據，比方我們可以問，什麼是你說「牛是刻苦的動物」的理由根據。有了命辭以後，還要「以說出故」，解明該命題的原因或理由。比方說：「現在地面濕了」，何以故呢？因爲下雨，所以地濕了。

墨家的辯學以爲人類求證知識的基本原理，是基於親知和說知，一種是親證的知識，一種是推論的知識。方法上要從概念開始，相對於現實界的事事物物，在人們的思想中，要有「以名擧實」的概念，有了概念以後，才能據之以進行思考。有了概念以後，才能對事事物物加以判斷，比方說，我們有了「人」和「會死的」這兩個概念以後，就可以表達我們心中關於人是會死的這個判斷，當我們用語言文字把「人是會死的」敍述出來時，就成了命題。但是到這裏，所獲得的知識，只是親證的知識而已，那麼，我們如何能獲得推論的知識呢？墨家以爲要「以類取，以類予」。如果我們說「凡人皆有死」時，我們可以取「張三是有死的」爲例，而不能取「石頭是有死的」爲例，因爲張三和石頭並不同屬於人類。如果張三有死，李四有死，趙五有死，而王六也是人，所以王六也有死，這是指我們做論斷時，要以類爲根據，如果某事物是屬於某一類時，那麼我們可以根據該類具有某一性徵F，而斷說該事物也具有性徵F。演繹論證和歸納論證，都是要以類的概念爲基礎。

從概念到命題，從命題到推類，墨家才能將辯學發揮應用，根據這樣的原理和方法，墨家已經發展出他自己的一套論證形式。

第四節　墨家的六物

既然墨家已發展出自己一套論辯的方法，那麼在什麼樣的情況下，才要使用到「辯」呢？「或也者不盡也。假也者今不然也。效者爲之法也，所效者所爲之法也。中效，則是也；不中效，則非也，此效也。」（註八）

辯是從懷疑開始，當我們懷疑別人的言論，也許並不完全如此時；對自己的觀點或是論斷，也許並不盡然時，辯卽應運而生了。所謂「或，不盡也」，這是我們主觀心理的懷疑，引起辯說的原因，卽是論辯之第一步。當有人說「臺大的學生都是四眼田雞」時，我們可以加以懷疑，也許並不盡然，然後「擧不然者而問之」，比方我們可以問「王大頭帶了眼鏡嗎？」王大頭並沒有帶眼鏡，因此「臺大的學生都是四眼田雞」這句話是假的。所謂「假者，今不然也。」如果要證實我們所懷疑的命題是假的，只要證實該命題與目前的事實不符就可以了。

墨家要判斷是非眞假，提出一「效」的觀念，所謂「效也者，爲之法也。」效卽是法儀的意思，卽是立個標準做榜樣，做爲是非判斷的標準，凡是合乎標準的，就是不錯；凡是不合標準的，就是錯的。墨家的認識判斷，重視外在的準則，認爲天下百工行事，不可以沒有法儀，要判斷是否圓，要以規為準；要判斷是否方，要以矩為準，那麼推論就是以邏輯為準。這就是墨家「效」的觀念。

墨家立論，首要明故，所謂「辭以故生，以類長，以理行」是也。如果不首先說明原因或理由，那麼該命題如何產生，其根據何在？將無法使人信從。因此墨家要「以辭抒意，以說出故」。那麼什麼是「故」呢？

經　故，所得而後成也。

說　故，小故，有之不必然，無之必不然。體也，若有端。大故，有之必然，若見之成見也（註一〇）。

所謂「小故」，卽是必要條件，如果沒有X就沒有Y，有X，則不一定有Y，那麼X就是Y的必要條件。所謂「大故」，就是充分條件，如果有X則有Y，無X則不一定沒有Y，那麼X是Y的充分條件。墨家認為凡事有因而後有果，得因而後成果。有的要有數種原因合成，然後有果，缺一原因則無果；有的只要有一原因，就有一果。因此墨家立辭，首要明其故，看其故是大故或小故；充分條件或必要條件。所以墨家的論式，最少要有二項，卽辭和故。如果以辭和故表之，還會引起爭論時，那就要再以其他的方式加以解明。

「辟也者，舉他物而以明之也。侔也者，比辭而俱行也。援也者，曰：『子然，我奚獨不可以然也？』推也者，以其所不取，同於其所取者予之也，是猶謂他者同也，吾豈謂他者異也。」

（註一一）

所謂辟，即是譬喻，用別的相像的事物來說明所要討論的事物。侔是兩個相類似的命題，可以互相引證。援是援引，引用對方的論點，來證明自己的論點，而說你可以這麼說，我怎麼不能這樣說呢？推是類推，是就同類事物中，把還沒有取得判斷的這一部分，和已經取得判斷的那一部分相比較，就可以給這一部分定出判斷來，既然它是相同的，我怎麼能說它是不同呢？在這裏墨家提出「辟、侔、援、推」，四種方法來進行論辯。

當我們在探討墨家的譬喻與類比論證時，我們曾經把「辟、侔、援」三者當做類比論證的三種不同的形式。在這裏，爲求一貫，我們只好簡單地再加以敍述。

辟就是譬喻的意思，那是拿別的事物來說明自己所要論斷的事物。如果自己的立論過於深澳難懂，而引起別人的爭論時，最重要的是我們要就近取譬，以日常生活中淺近的事理，最重要的是敵方所能瞭解或同意的事理，來做譬喻，這樣就可使自己的立論，讓對方瞭解而接受。

譬喻是以單獨的事件做比喻，對沒有看過猩猩的人，我們可以拿猴子來做比喻，讓他瞭解猩猩的樣子是怎麼樣的。侔雖然也是一種類比的形式，但它不像譬喻這麼單純。侔是比辭而俱行，可見是指兩個命辭之相類比，而兩個命辭之所以能相類比，當然是因其間某種程度的相類似性，主要是指語意的相類似和語法的相類似。例如：

白馬，馬也；乘白馬，乘馬也。

驪馬，馬也；乘驪馬，乘馬也。

那麼援是什麼呢？援的方法就是，既然你可以這麼說，那麼我爲什麼不能這樣說呢？可見援是兩方論駁時，才可能產生的，是指敵我二方的相類比，其間也有某些類似性，那就是論證形式的相類似。換句話，如果你可以根據這樣的理由做論證，那我爲什麼不能這樣做論證呢？如果你是對的，那我當然也是對的。莊子和惠子辯論「子非魚焉知魚之樂」的故事，卽是最好的例子。

辟、侔、援、三者都是依類似性來進行論證的，辟是指概念的類比，侔是指命題的類比，援是援論證的類比，因此我說辟、侔、援是類比論證的三種不同的形式。

最後剩下一個「推」了，那麼「推」是什麼方法呢？「推」卽是「以其所不取之，同於其所取者，予之也。是猶謂他者同也，吾豈謂他者異也。」如果我們已經觀察了許許多多的個別的事物，而斷定它是什麼，那麼那些沒有被觀察的，和此同類的事物，也必定跟這些一樣的。這就是所謂歸納法。例如：

A裏的水經驗定是二氫一氧。

B裏的水經驗定是二氫一氧。

C裏的水經驗定是二氫一氧。

D裡的水經驗定是二氫一氧。

…………

那麼X裡的水，雖沒被驗定，但我們也可斷定是二氫一氧。這就是「以其所不取之，同於其所取者，予之也。」既然A、B、C、D、……裡的水都是二氫一氧，那麼我們怎麼能說X裡的水不是二氫一氧呢？這卽是「是猶謂他者同也，吾豈謂他者異也。」可見「推」正是歸納法。

墨家的論式，最起碼要有「辭、故」二項，再加上「辟、侔、援、推」四項，就成了六項了。因此我們把墨家辯學的論式定爲「六物式」，那是辭、故、辟、侔、援、推六項。

第五節 辟、侔、援、推的謬誤

墨家使用辟侔援推來論證，但是這些論證的形式，不是類比的就是歸納的，其可靠性僅是概然的而不是必然的；尤其是在運用時，如果不加小心，則有產生謬誤的可能，墨家也注意到這一點，也討論了謬誤產生的原因，如果認清了這些辯式的原理，並不是永恒必然的；如果注意了可能產生謬誤的原因，那麼謬誤也就可以避免了。

「夫物，有以同，而不率遂同；辭之侔也，有所至而正；其然也，有所以然也，其然也同，其所以然不必同；其取之也，有所以取之，其取之也同，其所以取之不必同。是故辟侔援推之辭，行而異，轉而危，遠而失，流而離本。則不可不審也，不可常用也。故言多方，殊類，異故，則不可偏觀也。」（註一二）

天下的萬事萬物，有相同的地方，也有不同的地方，並不是完全相同的。事物有因有果，雖然結果相同。但所以有此結果的原因却未必相同。採取的論證雖然相同，但所以取這論證的理由不必相同。因此辟侔援推這些論式，實行起來會發生差異，一轉再轉會得出不同的結論。這是不能不謹愼，不可常用的。言語有多方面的意義，也有不同的類型，更有不同的根據和理由，因此不能偏執一種方式來論斷。

首先讓我們來檢討辟的論辯法，辟的論法是用一件別的事物來說明或論證其所欲說明或論證的事物。因此譬喻必說及兩件事，一是用以譬喻的，叫能譬；另一是譬喻所欲說明或論證的，叫所譬。辟的論辯法，是建立在能譬與所譬之間有某些類似性，在能譬與所譬之間，僅僅有某些相同的地方，並不是全部全同，所謂「有以同，而不率皆同」是也。茲擧例說明如下：

如果我們用A來譬喻B的話，那麼A與B，可能具有如下的性徵：

能譬——A：a、b、c、d、e、f。

所譬——B：a、b、g、h、i。

在能譬與所譬之間相同之點只有a、b，而我們之所以用A來譬喻B，是因爲A所要譬喻的，正是B裡面的a、b這兩個性徵。

如果我們再以B來譬喻C，那麼B與C，可能具有如下的性徵：

能譬：B：a、b、g、h、i。

所譬——C：g、h、i、j、k。

在這個譬喻裡，能譬與所譬之間，相同之點有g、h，而我們之所以用B來譬喻C，是因爲B所要譬喻的，正是C裡面的g、h這兩個性徵。

上面這兩個譬喻論證，都是正確，但是如果我們因爲以A譬喻B，和以B譬喻C是正確的，而以A來譬喻C的話，那麼這個譬喻論證是無效的，因爲A與C各具有完全不相同的性徵。

能譬——A：a、b、c、d、e。

所譬——C：g、h、i、j、k。

在A與C之間，完全沒有相似的地方，如果以這樣風馬牛不相及的事物來互相譬喻，那麼這樣的論證當然是無效的。無法產生論證或說明的功能。可見譬喻是不能傳遞的，不可以連續使用。底下這個例子，卽是連續使用譬喻所產生的謬誤。

「夫得言不可以不察，數傳而白爲黑，黑爲白，故狗似玃，玃似母猴，母猴似人，人之與狗則遠矣。」（註一三）

因爲在能譬與所譬之間，只有某些類似的地方，而不是完全相同；因此如果連續用，就會發生嚴重的錯誤。

侔是「比辭而俱行」，是命辭與命辭間的相類比，從一命題推出另一命題的方法，比方我們可以從「白馬，馬也。」推出「騎白馬，騎馬也。」但是如果我們再推出「無白馬，無馬也。」

那就不對了；如果有人問馬棚裡有白馬嗎？答說沒有白馬，但我們不能根據沒有白馬就說沒有馬，因爲沒有白馬，也許有黑馬也說不定。

援是「子然，我奚獨不可以爲然也」，但是「其然也，有所以然也，其然也同，其所以然不必同」。如果別人這樣論斷，而我也這樣論斷，未必就是正確的，因爲論斷所根據的理由也許不一樣，既然不一樣，那麼有的可以保證結論的有效，有的就無能爲力了。比方說生病嘔吐，雖然嘔吐這一結果一樣，但何以會嘔吐的原因未必相同，有的中暑，有的傷風，有的瘧疾，因此如果光是知道嘔吐這一結果，而不明其所以嘔吐的原因，那麼開出來的藥方也就無法對症下藥了。

至於推是「以其所不取之，同於其所取者，予之也。」但是「其取之也，有所以取之，其取之也同，其所以取之不必同。」取是舉例，有時我們舉出同一個例子，但我們之所以舉這個例子的理由未必相同。比方我們都舉李得勝做例子，一方是做爲某大沒有帶眼鏡的學生的例證，另一方是做爲某大有住在桃園的學生的例證。在不同的論證裡，不可因有同樣的例子，而輕下判斷，還必須注意舉此例的原因或理由。

墨家已經注意到辟侔援推，在運用上有許多基本上的限制，它們在論證上的功能，並沒有必然性，因此在運用時，必須注意這些基本的原理，否則很容易產生謬誤，而無法達到論證或說明的目的。

第六節　六物的論證形式

墨家的「六物式」，是墨家發展形成的獨特的論證形式，所謂「六物式」，我們把它規定爲「辭、故、辟、侔、援、推」；其中辭和故是一個論證必須具備的二個要素，而其他四物則是用以輔助的，因此在運用上，並非死板的「六物式」，有時三物，有時四物，視情況而定。底下我們將舉出墨家應用的實例（註一四）來瞭解「六物式」的論證形式。

第一式，以經下第七十九條爲例。

辭——非誹者。

故——說在弗非。

第二式，以經上第三條爲例。

辭——知，材也。

故——知也者，所以知也，而必知。

辟——若明。

第三式，以經下第四十三條爲例。

辭——五行毋常勝。

故——說在多。

辟——火爍金。……金靡炭。

佯——火多也。……金多也。

第四式，以經下第二十八條爲例。

辭——倚者不可正。

故——說在剃。

辟——倍、拒、掔、射。

援——倚焉則不可正。

第五式，以經上第七十四條爲例。

辭——辯。

故——爭彼也。

辟——或謂之牛，或謂之非牛。

推——是爭彼也。（凡爭彼爲辯）。

第六式，以天志下爲例。

辭——天兼愛天下之人。

故——以兼而食之也。

推——苟兼而食之，必兼而愛之。

辟——譬若楚越之君。

侔——今是楚王食於楚之四境之內，故愛楚之人；越王食於越，故愛越之人；今天兼天下而食焉，我以此知其兼愛天下之人也。

第七式，以兼愛上爲例。

辭——天下之亂。

故——起不相愛。

辟——如子不愛父，父不愛子；弟不愛兄，兄不愛弟等。

侔——父子不相愛，則父子亂，兄弟不相愛則兄弟亂等。

推——凡不相愛者皆亂。

援——是以天下大亂。

墨家的「六物式」，並不須固定的形式，只要辭故二項具備卽可，其他各項是用以輔助說明，或與對方爭辯之用的，因此，可有可無，有時可三物，有時可出以四物，六物全具的例子少見。以上只是擧出幾種論式而已，並不完備。

第七節　六物論證形式的特徵

在「六物式」中，辭和故二項是必不可少的；辭是命題，故是指原因或理由，有了故而後有命題，在墨家的論理思想中，特別重視故，也就是把論理的基礎建立在因果律上，凡事有因而後有果，凡果必有其因；有時一因可成一果，有時多因成一果，有時同果未必同因，譬如同樣是生病，有的是著涼，有的是中暑。因此在墨家的論理思想中，特別重視求因，因果間的關係到底是充分條件，還是必要條件，這是首先要究明的，凡事「其然也，有所以然也，其然也同，其所以然也不必同」，墨家不但重視其然也，而且更重視其所以然也。墨家論證法的第一個特徵就是求因，要以說出故，才能避免由果推因所產生的謬誤。有了「故」以後，「辭」才能成立。

除了「辭」和「故」以外的其他各項，都是用來輔助說明，「辭」和「故」，主要是用來自己論證用的，而「辟、侔、援、推」，是用來與對方論駁或說明的，這也是墨家論證法的一大特徵，也許是較近印度的因明學。因此在六物之間，並沒有邏輯關連，有時可出以三物。有時可出以四物，並不是要六物全具，才能構成完整的論證。

「六物式」的論證法，並沒有發展到形式化的地步，還只是停留在非形式的類比論證，就這一點而言，我們並不把它當成缺點，而是把它當成特徵之一，因爲它是重視語意的，而不是重視語法的，甚至有點反對形式化的趨向。在小取裡曾經討論到，推論事物時，有前提是肯定的，結論也是肯定的；有前提是肯定的，結論却是否定的；有前提是否定的，結論却是肯定的；有的在一方面是包括周徧，在另一方面却是包括不周徧的，有的在一方面是對的，在另一方面却是錯的註一五）例如下面這些例子：

一、是而然：前提肯定，結論亦肯定。

白馬，馬也。乘白馬，乘馬也。

驪馬，馬也。乘驪馬，乘馬也。

二、是而不然：前提肯定，結論却是否定的。

車，木也。乘車，非乘木也。

船，木也。入船，非入木也。

三、不是而然：前提否定，結論却是肯定的。

且讀書，非讀書也。好讀書，好書也。

且鬥雞，非鬥雞也。好鬥雞，好雞也。

四、一是一非：一方面是對的，另一方面却是錯的。

問人之病，問人也。惡人之病，非惡人也。

之牛之毛黃，則謂之牛黃。之牛之毛衆，而不謂之牛衆。

從以上這些例子，可以看出，某些命題的語法是相同的，但有時從肯定推出肯定，有時却從肯定推出否定，因此，墨家以爲推論不能光從語法來判斷，而必須注意語意的不同，而後推論才不致於發生謬誤。可見墨家的論證法中，是重視語意的，而有反對形式化的趨向。

第八節　結　語

墨家的辯學，即是墨家的論證方法。歷年來諸墨學者，對墨家邏輯思想的探討，偏重於這一部份，以為可以代表墨家的邏輯思想，但諸學者間的意見並不一致。本章是就墨家來瞭解墨家，不做牽強附會之說，為尊重前人的研究成果，我們並沒有妄加批評。

從墨家論證方法的特徵看來，墨家的方法是很接近印度的因明學；因明有喻，墨家有辟，同時因明和墨辯，都沒有把論證形式化，也許這正是東方人的性格吧！在因明與墨辯之間，有許多類似的地方。

在中國古代的哲學家中，重視邏輯思想的有荀子和墨子，但把邏輯當對象來研究的，唯墨家而已。墨家的論證方法發展到六物式，已經算是頗具規模的非形式論證法了，這是值得我們繼續探討，發揚光大的。

註一　經上第七十四條。
註二　經下第三十四條。
註三　經上第七十三條。

註四　墨子小取。
註五　經上第八十條。
註六　墨子小取。
註七　參見經上第八十條。
註八　墨子小取。
註九　墨子大取。
註一〇　經上第一條。
註一一　墨子小取篇。
註一二　墨子小取。
註一三　呂氏春秋察傳。
註一四　底下諸「六物式」的論證形式，可參閱譚戒甫著「墨辯發微」二五五頁，臺北世界書局出版。
註一五　參看墨子小取原文。

第十二章　結論：墨家思想論證形式的批判

第一節　引　言

從以上各章的討論和分析，我們已經發現墨家思想的各種不同的論證形式；如果有人要懷疑中國沒有邏輯，或以爲中國人的思想或著作，缺乏邏輯組織，那麼我們將請問他，墨家這麼豐富的論證方法，是否合乎邏輯呢？

當然，在過去古代的中國哲學家當中，有很多是不重視邏輯的，並不是每個哲學家，都像墨家這樣講求嚴格的邏輯論證，有的甚至反對邏輯論證，認爲採用邏輯論證的方法，沒有辦法達到追求眞理的目的。因此在最後我們還要探討，邏輯思想在中國哲學中的地位。

在先秦諸子當中，法家的韓非子，儒家的荀子，也很重視邏輯，但是還比不上墨家的豐富和多采多姿。在不重視邏輯論證的中國哲學家當中，何以單單墨家會這麼重視邏輯論證，講求邏輯論證呢？我想這也是直得探討的問題。

既然墨家這麼講求邏輯論證，有許多不同的論證形式，那麼我們還必須進一步地加以批判，看看墨家思想的各種不同的論證形式，到底具有什麼樣的特徵，這些不同的論證形式，具有什麼樣的優點和缺點，並展望它可能有的發展。

既然墨家這麼重視邏輯論證，並且也有了這麼豐富的邏輯思想，但是何以邏輯思想，毫無發展，一直是停滯狀態呢？我想這些問題，都是值得加以注意的。

第二節　邏輯思想在中國哲學中的地位

一般說來，中國哲學給人的印象是不講求邏輯論證，造成這種印象的主要原因，在於中國哲學的表達方式使然。在中國古代哲學家的著作當中，很少有用嚴格論證寫成的哲學論文大多是與文學作品相結合，爲了希求文學的生動，因此不得不犧牲邏輯的論證。就以莊子爲例，莊子的思想，幾乎全是用寓言來表達，用生花妙筆寫成的，如果相信其確有其事，則無異向海市蜃樓求眞憑實據了。因此莊子的作品，可以當寓言或小說來讀，也可當哲學作品來讀。既然是寓言故事體的，那麼我們也就難用嚴格的邏輯論證來要求它了。從中國哲學的表達方式來看，中國哲學是與文學作品相結合的。

中國哲學的表達方式是文學的，那麼它的留傳方式呢？在古代，印刷術紙張尚未發明以前，書籍的留傳要靠竹簡；把文字刻在竹片上，當然是一件非常麻煩的事，因此在文字的留傳上，要求簡單扼要。因此文獻的記載，往往只記下結論，而省略了推論的過程。就以老子爲例吧！老子說：「道可道非常道，名可名非常名」（註一）何以道可道常非道呢？何以名可名非常名呢？其間可以有沈長的推論過程，但老子並沒有將它說出來。「大道廢，有仁義；智慧出，有大僞。」（註二）何以大道廢，才有仁義；智慧出，產生大僞呢？這其間也有一大段推論的過程，但是並沒有寫出來。只有說出結論，而沒有把推論的過程告訴我們，當然會有毫無邏輯脈絡可尋的感覺。這是客觀條件的限制。當然老子哲學所呈現出來的型態，並不是僅受這種客觀條件的限制，也有他思想本身的要求。這是有關老子哲學本身的問題，在這裡我們不準備加以討論。

至於中國哲學裡面不重視邏輯，邏輯思想得不到發展，一個最主要的原因，是中國哲學本身的特性所造成的。中國哲學在形上學方面有很高的成就，而在知識論方面却沒有多加探討。中國古代的哲學家，喜歡談性命之道，而他們所用的方法，往往是用玄想的方法，憑著直覺直接悟入，而不是採取邏輯的論證過程。道家如此，儒家何嘗不是如此。

莊子說：「道惡乎隱而有眞僞？言惡乎隱而有是非？道惡乎往而不存？言惡乎存而不可？道隱於小成，言隱於榮華，故有儒墨之是非，以是其所非，而非其所是。欲是其所非，而非其所是，則莫若以明。物無非彼，物無非是，自彼則不見，自知則知之。故曰：彼出於是，是亦因彼，彼是方生之說也。雖然，方生方死，方死方生，是以聖人不由，而照之以天，亦因是也。是亦彼也，彼亦是也；彼亦一是非，此亦一是非，果且有彼是乎哉？果且無彼是乎哉？彼是莫得其偶，謂之道樞。樞始得其環中，以應無窮。是亦一無窮，非亦一無窮，故曰：莫若以明。……」（註三）

莊子否認知識具有絕對價值，知識既無絕對價值，則一切所謂眞僞，是非、善惡、皆係相對性的。從莊子齊物論的哲學思想來看，一切事物並無基本差別，如要分辨善惡、是非、同異，當然沒有什麼意義。莊子哲學，爲了要直接與天地精神相往來，因此提倡反理智主義和非辯主義，在方法上只有採取直觀的玄想的方法，當然不可能產生邏輯。

儒家哲學本身也有濃厚的玄想成分，不過如果要追究中國邏輯思想的萌芽，則應歸於孔子的正名主義。孔子說：「觚不觚，觚哉！觚哉！」（註四）「子路曰：衞君待子而爲政，子將奚先？子曰：必也正名乎。子路曰：有是哉？子之迂也。奚其正？子曰：野哉，由也。君子於其所不知，蓋闕如也。名不正，則言不順，言不順，則事不成，事不成則禮樂不興，禮樂不興，則刑罰不中，刑罰不中，則民無所措手足；故君子名之必可言也，言之必可行也，君子於其言，無所苟而已矣。」（註五）這是孔子的正名思想，它是實現理想政治的一個必要條件。

正名的思想，在語意學上，是指名實的關係，邏輯上的定義，因此孔子的正名思想，可以當做邏輯思想的開端，但是儒家正名主義的主要目的，是在正名定分，以達到政治上倫理上之實際效用（註六）。由於儒家的正名思想，偏向於倫理社會方面，因此沒有往邏輯方面發展，當然這也是哲學本身的興趣使然，邏輯方面沒有受到重視。

從客觀的條件和主觀的因素，我們發現中國哲學並不重視邏輯，而不重視邏輯，並不意味著他們的思想不合乎邏輯，而是指哲學本身對邏輯這種形式的學問不感興趣而已。

第三節　墨家思想重視邏輯的原因

中國哲學往往是哲學的智慧，藝術的才情和詩人的幻想相結合而創造出來，因此呈現出境界的型態，這種境界往往不是邏輯論證所可達到的。一般說來，在中國哲學中，邏輯思想不受重視，得不到適當的發展，其因在此。但是何以在不重視邏輯的中國哲學當中，墨家會特別講求邏輯論證呢？

主要的原因，是墨家哲學本身的特徵所造成的，墨家哲學和儒家或道家，有一個最大的不同的地方，那就是墨家不善於談玄說道，除了法儀篇有極粗淺形上觀念外，在墨家思想中，幾乎沒有玄學。墨家哲學的成就在知識論方面，而不是在形上學；墨家所重視的是外在的經驗，而不是境界的體驗；因此我們可以說墨家思想是科學的，而不是玄學的。唯有在重視知識，講求經驗的思想中，才有邏輯論證的要求。

墨家思想產生的原因之一是反對儒家而發，與儒家佔在相對立的立場；墨家站在尙同兼愛的立場，對於單單著重家族，重視等差觀念的儒家思想，自然感到太虛僞了，太狹隘了。

墨家認爲厚葬久喪，不足以「富貧，衆寡，定危，治亂」，質言之，厚葬久喪只是個人的事，無益於人類國家社會的大同。墨家也站在尙檢尙質的立場，反對儒家的禮樂，反對儒家的繁文縟節（註七）。我們知道墨家是代表工商業者的思想，對於農人婦女百工的利益，特別關心；站在工商業者的立場，標榜功利，開口講利，閉口講用，這是毫不足怪異的，但是對於「君子喻於義，小人喻於利」的儒家來講，也許會感到格格不入的（註八）。在當時那種儒家思想已經有深厚基礎的社會裡，處處與儒家相對立的墨家思想，何以能很快地興起，而與儒家並稱爲顯學呢？當然，墨家的思想比不上儒家來得博大精深，因此墨家只有在方法上努力了，處處講求方法，講求論證，來和儒家相對抗。讓我們看這面的例子：

「子墨子問於儒者，曰：『何故爲樂？』曰：『樂以爲樂也。』子墨子曰：『子未我應也。今我問曰：何故爲室？曰：多避寒焉，夏避暑焉，室以爲男女之別也。則子告我爲室之故矣。今我問曰：何故爲樂？曰：樂以爲樂也。是猶曰：何故爲室？曰：室以爲室也。』」（註九）

這就是墨家批評儒者答非所問，人家問的是何以故，爲什麼，而答的却是是什麼，答了等於沒有答一樣。讓我們再看下面這則例子：

「葉公子高問政於仲尼曰：『善爲政者若之何？』仲尼對曰：『善爲政者，遠者近之，而舊者新之。』子墨子聞之曰：『葉公子高未得其問也。仲尼亦未得其所以對也。葉公子高豈不知善

為政者之遠者近之而舊者新之哉？問所以為之若之何也……』」（註一〇）

在這個例子裡，孔子答的是結果，而問者想知道的是何以會有這樣的結果。從這兩個例子，我們可以看出儒墨二家的思考方法不一樣，墨家處處要問為什麼，怎樣，何以會如此，而儒家却只問是什麼，應該是什麼。這是墨家處處講求方法，且用方法來批判儒家的明證。

除了為了和他家對抗而處處講求邏輯論證，和墨家思想本身的要求外，我們還可從墨家的文獻的體裁來加以探討。

我們知道墨子十論各題皆有上中下三篇，體裁是屬於演講論說文，和論語的語錄體，莊子的寓言體絕不相同。每篇的結構嚴謹，整齊明顯；為了要使聽衆一聽就明白，而且能淸楚地接受，因此只有要求論證的壁壘森嚴，無懈可擊了。由於每篇都是議論文，為論文的型態，因此必須講求嚴謹的論證，才能達到議論的目的。總之，不管我們從為了達到演說的目的，或是從文章本身來看，都有講求邏輯論證的要求。

從以上這些因素，我們發現墨家重視邏輯的原因，而且我們從現存的墨子書來加以印證，果然墨子各篇，全是用邏輯論證寫成的。我們已經探討過墨家思想的各種不同的論證形式了，那麼，如果我們用現代邏輯的觀點來看，這些論證形式，是否合乎邏輯的要求呢？因此我們還要進一步地加以批判。

第四節　墨家思想論證形式的批判

我們分析墨家思想的論證形式，發現「三表法」是墨家早期最主要的論證方法，它並不是形式論證，而是實質論證；因此我們只能說「三表法」，是代表墨家思想的三項準則。但是我們發現它的論證精神是科學的，它已經具有演繹以及歸納的論證精神。

中國古代哲學家的著作，往往與文學作品相結合，因此在論證上採用譬喻與類比論證的地方特別多，有的甚至只會使用這類論證形式，當然墨家也不例外。這類論證形式具有論證與說明的功能，所以在墨語這部份，也就是墨子弟子記述墨子言行這部份，使用得特別多。墨家不但採用這種論證形式，同時還區分成辟、侔、援等三種不同形式的類比論證，並且還給它明確的定義。

同樣具有論證與說明功能的論證形式，還有例證和反例，在現代邏輯中，也佔有重要的位置。在墨家思想中，也常使用例證或反例的方法，來進行論證或說明。

在西方，遠在希臘時代，就發現了詭論和兩難式，在我們中國也並不落後，先秦時代的墨家，也有了詭論和兩難式。在古代東西不互相交通，不互相影響的情況下，所產生的詭論和兩難式，在形式構造上竟然是完全一樣，眞是東海聖人，西海聖人，此心同此理同。

如果我們以西方邏輯中的三段論式，和印度因明學中的五支式或三支式，來和墨家思想相比較的話，在墨家思想中，我們還是一樣地可以找出與三段論式或五支式，相同的論證形式。

墨家重視同異的問題，我們根據墨家的求同法，求異法，同異交得法，探討出墨家素樸的歸納方法。在古代中國，已經出現了科學方法的幼苗，可惜沒有多加培養，一直沒有進展，怎不令人惋惜。

當然，墨家思想是非常重視邏輯論證的，如果我們拿墨子各篇來加以分析，我們都可尋找出它的論證形式。但是墨家並不是僅僅是不自覺地在使用這些不同的論證形式，而且是自覺地要發展出自己的一套獨特的論證方法，即是「六物式」，因此我們認爲墨家是有邏輯的。

從墨家思想的各種不同的論證形式，我們發現某些地方，是與西方邏輯的論證方法，不謀而合的；某些地方是合乎印度因明論式的；還有一部份是西方和印度所沒有的，是墨家獨特的方法，可見墨家思想的論證形式，是非常豐富的，並非古代任何一位哲學家所能望其項背的。

墨家的邏輯中，已經有類似西方的邏輯方法，但何以沒有像西方一樣，往純粹形式方面發展呢？反而發展成「六物式」的非形式的論證呢？根據我們從小取篇研究所得，發現墨家思想有反對形式化的傾向，墨家重視語意關係，甚於重視語法關係。在小取篇就擧出許多例子，證明如果光是根據語法關係來進行推論，而不注意語意關係的話，那麼往往會產生謬誤的。墨家思想的反對形式化的傾向，正是墨家邏輯的一大特點，同時也是墨家沒有發展出類似西方形式邏輯的原因之一。從正面看，它是墨家邏輯的特點，從反面看，它是墨家邏輯的缺點。

從墨家思想的各種不同的論證形式看來，我們必須肯定的是，這些論證形式都是有效的，可惜的是墨家的邏輯並沒有繼續發展下去，以致於竟然有時還被誤認爲中國沒有邏輯，怎不令人感到遺憾。

第五節　結　語

根據我們對墨家思想的論證形式，加以探討以後，我們發現墨家的邏輯思想，已經有了相當程度的成就；但何以中國的邏輯思想，沒有繼續發展下去呢？

關於這個問題，我們可以從各方面來加以考察。

我以爲最主要的原因，是由於墨家思想的衰微；而墨家思想衰微的原因很多，在這裡我們不準備加以探討；墨家思想不受重視，衰微了，墨家的邏輯，當然也就沒有人繼續研究發展了。歷代的學者，都不重視墨家的思想，直到清代考證學與起後，墨子一書才漸漸受重視，繼續有人加以探討。幾千年來，墨家思想的發展，等於一片空白。

名家思想的興起，也是影響中國邏輯思想發展的原因，惠施、公孫龍、鄧析等名家學者，往往標奇立異，以名亂實，常以巧辯取勝，往往流於「飾人之心，易人之口，能勝人之口，而不能服人之心」（註一一）。此輩人士徒在形式上趨於纖巧，以致逐漸失去名學之眞諦，以致於引起當時思想家之非議（註一二）。這是由於名家諸學者的作風，影響到中國名學邏輯思想的發展。

另外，道家思想的興起，也是重大的原因之一，老子的思想，主張打破名相，直接探討本體，以爲名相只不過是販賣知識的工具而已，而且是一切亂之所由起，因此亟宜廢除，而主張無名（註一三）。至於莊子的思想，以爲一切知識，皆可憑直觀玄想而得，他的反理智主義，反邏輯的思想，可以說是已達玄想主義的高潮。中國邏輯思想之不發達，除了墨家思想的衰微，惠施、公孫龍的詭辯所造成的之外，老莊的思想也是難辭其咎的。

目前，我們中國的邏輯思想，的確比西方落後許多。而我們之探討古代的邏輯思想，主要是想透過墨家思想的論證形式，來證明中國古代哲學家的思想是合乎邏輯的，重視邏輯的，並且中國人也是可能發展出一套邏輯思想的。

——一九七二年三月十二日完稿於拇指山下。

註一　老子第一章。
註二　老子第十八章。
註三　莊子齊物論。
註四　論語雍也。
註五　論語子路篇。
註六　羅光著儒家形上學第十頁，中華文化出版事業委員會出版。
註七　參考李石岑著中國哲學講話第三講，啓明書局出版。
註八　李石岑著中國哲學講話第六十八頁。

註九　墨子公孟篇。

註一〇　墨子耕柱篇。

註一一　莊子天下篇。

註一二　參考鄧公玄著，中國先秦思維方法論，九十九頁。

註一三　虞愚著，中國名學第十四頁，正中書局。

滄海叢刊已刊行書目(七)

書名	作者	類別
牛李黨爭與唐代文學	傅錫壬	中國文學
增訂江皋集	吳俊升	中國文學
浮士德研究	李辰冬譯	西洋文學
蘇忍尼辛選集	劉安雲譯	西洋文學
文學欣賞的靈魂	劉述先	西洋文學
西洋兒童文學史	葉詠琍	西洋文學
現代藝術哲學	孫旗譯	藝術
音樂人生	黃友棣	音樂
音樂與我	趙琴	音樂
音樂伴我遊	趙琴	音樂
爐邊閒話	李抱忱	音樂
琴臺碎語	黃友棣	音樂
音樂隨筆	趙琴	音樂
樂林蓽露	黃友棣	音樂
樂谷鳴泉	黃友棣	音樂
樂韻飄香	黃友棣	音樂
色彩基礎	何耀宗	美術
水彩技巧與創作	劉其偉	美術
繪畫隨筆	陳景容	美術
素描的技法	陳景容	美術
人體工學與安全	劉其偉	美術
立體造形基本設計	張長傑	美術
工藝材料	李鈞棫	美術
石膏工藝	李鈞棫	美術
裝飾工藝	張長傑	美術
都市計劃概論	王紀鯤	建築
建築設計方法	陳政雄	建築
建築基本畫	陳榮美 楊麗黛	建築
建築鋼屋架結構設計	王萬雄	建築
中國的建築藝術	張紹載	建築
室内環境設計	李琬琬	建築
現代工藝概論	張長傑	雕刻
藤竹工	張長傑	雕刻
戲劇藝術之發展及其原理	趙如琳譯	戲劇
戲劇編寫法	方寸	戲劇
時代的經驗	汪琪 彭家發	新聞
書法與心理	高尚仁	心理

滄海叢刊已刊行書目(六)

書名	作者	類別
累廬聲氣集	姜超嶽	文學
實用文纂	姜超嶽	文學
林下生涯	姜超嶽	文學
材與不材之間	王邦雄	文學
人生小語(一)(二)	何秀煌	文學
兒童文學	葉詠琍	文學
印度文學歷代名著選(上)(下)	糜文開編譯	文學
寒山子研究	陳慧劍	文學
魯迅這個人	劉心皇	文學
孟學的現代意義	王支洪	文學
比較詩學	葉維廉	比較文學
結構主義與中國文學	周英雄	比較文學
主題學研究論文集	陳鵬翔主編	比較文學
中國小說比較研究	侯健	比較文學
現象學與文學批評	鄭樹森編	比較文學
記號詩學	古添洪	比較文學
中美文學因緣	鄭樹森編	比較文學
比較文學理論與實踐	張漢良	比較文學
韓非子析論	謝雲飛	中國文學
陶淵明評論	李辰冬	中國文學
中國文學論叢	錢穆	中國文學
文學新論	李辰冬	中國文學
離騷九歌九章淺釋	繆天華	中國文學
苕華詞與人間詞話述評	王宗樂	中國文學
杜甫作品繫年	李辰冬	中國文學
元曲六大家	應裕康 王忠林	中國文學
詩經研讀指導	裴普賢	中國文學
迦陵談詩二集	葉嘉瑩	中國文學
莊子及其文學	黃錦鋐	中國文學
歐陽修詩本義研究	裴普賢	中國文學
清真詞研究	王支洪	中國文學
宋儒風範	董金裕	中國文學
紅樓夢的文學價值	羅盤	中國文學
四說論叢	羅盤	中國文學
中國文學鑑賞舉隅	黃慶萱 許家鸞	中國文學

滄海叢刊已刊行書目(五)

書名	作者	類別
往日旋律	幼柏	文學
現實的探索	陳銘磻編	文學
金排附	鍾延豪	文學
放鷹	吳錦發	文學
黃巢殺人八百萬	宋澤萊	文學
燈下燈	蕭蕭	文學
陽關千唱	陳煌	文學
種籽	向陽	文學
泥土的香味	彭瑞金	文學
無緣廟	陳艷秋	文學
鄉事	林清玄	文學
余忠雄的春天	鍾鐵民	文學
卡薩爾斯之琴	葉石濤	文學
青囊夜燈	許振江	文學
我永遠年輕	唐文標	文學
分析文學	陳啓佑	文學
思想起	陌上塵	文學
心酸記	李喬	文學
離訣	林蒼鬱	文學
孤獨園	林蒼鬱	文學
托塔少年	林文欽編	文學
北美情逅	卜貴美	文學
女兵自傳	謝冰瑩	文學
抗戰日記	謝冰瑩	文學
我在日本	謝冰瑩	文學
給青年朋友的信(上)(下)	謝冰瑩	文學
孤寂中的廻響	洛夫	文學
火天使	趙衛民	文學
無塵的鏡子	張默	文學
大漢心聲	張起鈞	文學
回首叫雲飛起	羊令野	文學
康莊有待	向陽	文學
情愛與文學	周伯乃	文學
湍流偶拾	繆天華	文學
文學之旅	蕭傳文	文學
鼓瑟集	幼柏	文學
文學邊緣	周玉山	文學
大陸文藝新探	周玉山	文學

滄海叢刊已刊行書目(四)

書名	作者	類別
精忠岳飛傳	李安	傳記
八十憶雙親 師友雜憶 合刊	錢穆	傳記
困勉強狷八十年	陶百川	傳記
中國歷史精神	錢穆	史學
國史新論	錢穆	史學
與西方史家論中國史學	杜維運	史學
清代史學與史家	杜維運	史學
中國文字學	潘重規	語言
中國聲韻學	潘重規 陳紹棠	語言
文學與音律	謝雲飛	語言
還鄉夢的幻滅	賴景瑚	文學
葫蘆・再見	鄭明娳	文學
大地之歌	大地詩社	文學
青春	葉蟬貞	文學
比較文學的墾拓在臺灣	古添洪 陳慧樺 主編	文學
從比較神話到文學	古添洪 陳慧樺	文學
解構批評論集	廖炳惠	文學
牧場的情思	張媛媛	文學
萍踪憶語	賴景瑚	文學
讀書與生活	琦君	文學
中西文學關係研究	王潤華	文學
文開隨筆	糜文開	文學
知識之劍	陳鼎環	文學
野草詞	韋瀚章	文學
李韶歌詞集	李韶	文學
現代散文欣賞	鄭明娳	文學
現代文學評論	亞菁	文學
三十年代作家論	姜穆	文學
當代臺灣作家論	何欣	文學
藍天白雲集	梁容若	文學
思齊集	鄭彥棻	文學
寫作是藝術	張秀亞	文學
孟武自選文集	薩孟武	文學
小說創作論	羅盤	文學
細讀現代小說	張素貞	文學

滄海叢刊已刊行書目㈢

書名	作者	類別
世界局勢與中國文化	錢穆	社會
國家論	薩孟武譯	社會
紅樓夢與中國舊家庭	薩孟武	社會
社會學與中國研究	蔡文輝	社會
我國社會的變遷與發展	朱岑樓主編	社會
開放的多元社會	楊國樞	社會
社會、文化和知識份子	葉啓政	社會
臺灣與美國社會問題	蔡文輝 蕭新煌 主編	社會
日本社會的結構	福武直 著 王世雄 譯	社會
財經文存	王作榮	經濟
財經時論	楊道淮	經濟
中國歷代政治得失	錢穆	政治
周禮的政治思想	周世輔 周文湘	政治
儒家政論衍義	薩孟武	政治
先秦政治思想史	梁啓超原著 賈馥茗標點	政治
當代中國與民主	周陽山	政治
中國現代軍事史	劉馥 著 梅寅生 譯	軍事
憲法論集	林紀東	法律
憲法論叢	鄭彥棻	法律
師友風義	鄭彥棻	歷史
黃帝	錢穆	歷史
歷史與人物	吳相湘	歷史
歷史與文化論叢	錢穆	歷史
歷史圈外	朱桂	歷史
中國人的故事	夏雨人	歷史
老臺灣	陳冠學	歷史
古史地理論叢	錢穆	歷史
秦漢史	錢穆	歷史
我這半生	毛振翔	歷史
三生有幸	吳相湘	傳記
弘一大師傳	陳慧劍	傳記
蘇曼殊大師新傳	劉心皇	傳記
當代佛門人物	陳慧劍	傳記
孤兒心影錄	張國柱	傳記

滄海叢刊已刊行書目(二)

書名	作者	類別
老子的哲學	王邦雄	中國哲學
孔學漫談	余家菊	中國哲學
中庸誠的哲學	吳怡	中國哲學
哲學演講錄	吳怡	中國哲學
墨家的哲學方法	鐘友聯	中國哲學
韓非子的哲學	王邦雄	中國哲學
墨家哲學	蔡仁厚	中國哲學
知識、理性與生命	孫寶琛	中國哲學
逍遙的莊子	吳怡	中國哲學
中國哲學的生命和方法	吳怡	中國哲學
儒家與現代中國	韋政通	中國哲學
希臘哲學趣談	鄔昆如	西洋哲學
中世哲學趣談	鄔昆如	西洋哲學
近代哲學趣談	鄔昆如	西洋哲學
現代哲學趣談	鄔昆如	西洋哲學
現代哲學述評(一)	傅佩榮譯	西洋哲學
董仲舒	韋政通	世界哲學家
程顥・程頤	李日章	世界哲學家
狄爾泰	張旺山	世界哲學家
思想的貧困	韋政通	思想
佛學研究	周中一	佛學
佛學論著	周中一	佛學
現代佛學原理	鄭金德	佛學
禪話	周中一	佛學
天人之際	李杏邨	佛學
公案禪語	吳怡	佛學
佛教思想新論	楊惠南	佛學
禪學講話	芝峯法師譯	佛學
圓滿生命的實現(布施波羅蜜)	陳柏達	佛學
絶對與圓融	霍韜晦	佛學
佛學研究指南	關世謙譯	佛學
當代學人談佛教	楊惠南編	佛學
不疑不懼	王洪鈞	教育
文化與教育	錢穆	教育
教育叢談	上官業佑	教育
印度文化十八篇	糜文開	社會
中華文化十二講	錢穆	社會
清代科舉	劉兆璸	社會

滄海叢刊已刊行書目(一)

書名	作者	類別
國父道德言論類輯	陳立夫	國父遺教
中國學術思想史論叢(一)(二)(三)(四)(五)(六)(七)(八)	錢穆	國學
現代中國學術論衡	錢穆	國學
兩漢經學今古文平議	錢穆	國學
朱子學提綱	錢穆	國學
先秦諸子繫年	錢穆	國學
先秦諸子論叢	唐端正	國學
先秦諸子論叢(續篇)	唐端正	國學
儒學傳統與文化創新	黃俊傑	國學
宋代理學三書隨劄	錢穆	國學
莊子纂箋	錢穆	國學
湖上閒思錄	錢穆	哲學
人生十論	錢穆	哲學
中國百位哲學家	黎建球	哲學
西洋百位哲學家	鄔昆如	哲學
現代存在思想家	項退結	哲學
比較哲學與文化(一)(二)	吳森	哲學
文化哲學講錄(一)(二)(三)(四)	鄔昆如	哲學
哲學淺論	張康譯	哲學
哲學十大問題	鄔昆如	哲學
哲學智慧的尋求	何秀煌	哲學
哲學的智慧與歷史的聰明	何秀煌	哲學
內心悅樂之源泉	吳經熊	哲學
從西方哲學到禪佛教—「哲學與宗教」一集—	傅偉勳	哲學
批判的繼承與創造的發展—「哲學與宗教二集」—	傅偉勳	哲學
愛的哲學	蘇昌美	哲學
是與非	張身華譯	哲學
語言哲學	劉福增	哲學
邏輯與設基法	劉福增	哲學
知識•邏輯•科學哲學	林正弘	哲學
中國管理哲學	曾仕强	哲學